Be Careful in Your Choice of Words.

ビジネス文章力研究所 著

「あの時、別の言い方をしていれば…」と
もう後悔しない!

言葉づかいのトリセツ

実務教育出版

まえがき

日本語は表現豊かな言語です。例えば、感謝を伝える言葉だけでも、「ありがとう」「誠に感謝申し上げます」「深謝申し上げる次第です」「恩に着る」など、限りないほどの語彙があります。実際、英語やフランス語などと比較しても、表現が多いと言われるのが日本語です。

日本語は、敬語の使い方にも気を配ります。「説明します」という言葉の場合、部下や同僚なら「説明するね」でいいかもしれません。上司には「ご説明します」と敬語を、取引先には「ただ今よりご説明いたします」とより丁寧な表現を用います。相手と自分の関係によって、言葉づかいが変わってくるわけです。

同じ相手でも、状況によって言葉が変わるケースもあるでしょう。相手が「言っていた」と言いたい時、取引先との会議では「先ほどご教授くださいました」「以前にお話いただいた」などになります。ところが、同じ取引先との会話でも、居酒屋での打ち上げの場なら「さっき、おっしゃっていましたよね」などと、多少くだけるシーンもあります。つまり、状況に応じてもふさわしい言葉づかいが変わってくるわけです。

さらに、日本語は話し言葉と書き言葉で言葉づかいが異なってくることもあります。日本人である私たちですら、「こういう時はどう言えばいいのだろう」と迷ったり、「あの時、別の言い方をしていれば……」と後悔することがあるのは、仕方がないのかもしれません。

しかし、逆に言えば、相手に応じて、シーンに応じて、適切な言葉を選び取ることができれば、自分の思いを正確に伝えられます。適切な言葉づかいは、相手と信頼関係の土台にもなるでしょう。言いづらいことも、相手の気分を害さずに伝えることができます。

つまり、言葉づかいが上手な人は、よい人間関係を築き、仕事で成功を収めることができるということです。


私たちビジネス文章力研究所は、編集・ライティングのプロ集団、アスラン編集スタジオを中心に設立された研究グループです。信頼される敬語、ちょっとした大人の言い回しなど、仕事ができる人の「話す」「書く」「聞く」技術を蓄積するために、ホームページやメルマガなどで情報を発信しています。

本書は、プロが厳選した「言葉づかいのトリセツ」として、ビジネスでよくあるシーン別に、また相手別に適切なフレーズを紹介しています。言葉選びのヒントとなることで、あなたの人間関係やビジネスに寄与できれば幸いです。

２０１６年８月

ビジネス文章力研究所

本書では、年齢の違いや役職などの上下関係、その場の状況などを考慮して、さまざまなビジネスシーンにふさわしいフレーズと解説、例文を紹介しています。発展的に使えるよう、コラム欄にも数多くの言葉を載せています。どこから読んでも大丈夫ですので、気になるシーンからページをめくってみてください。

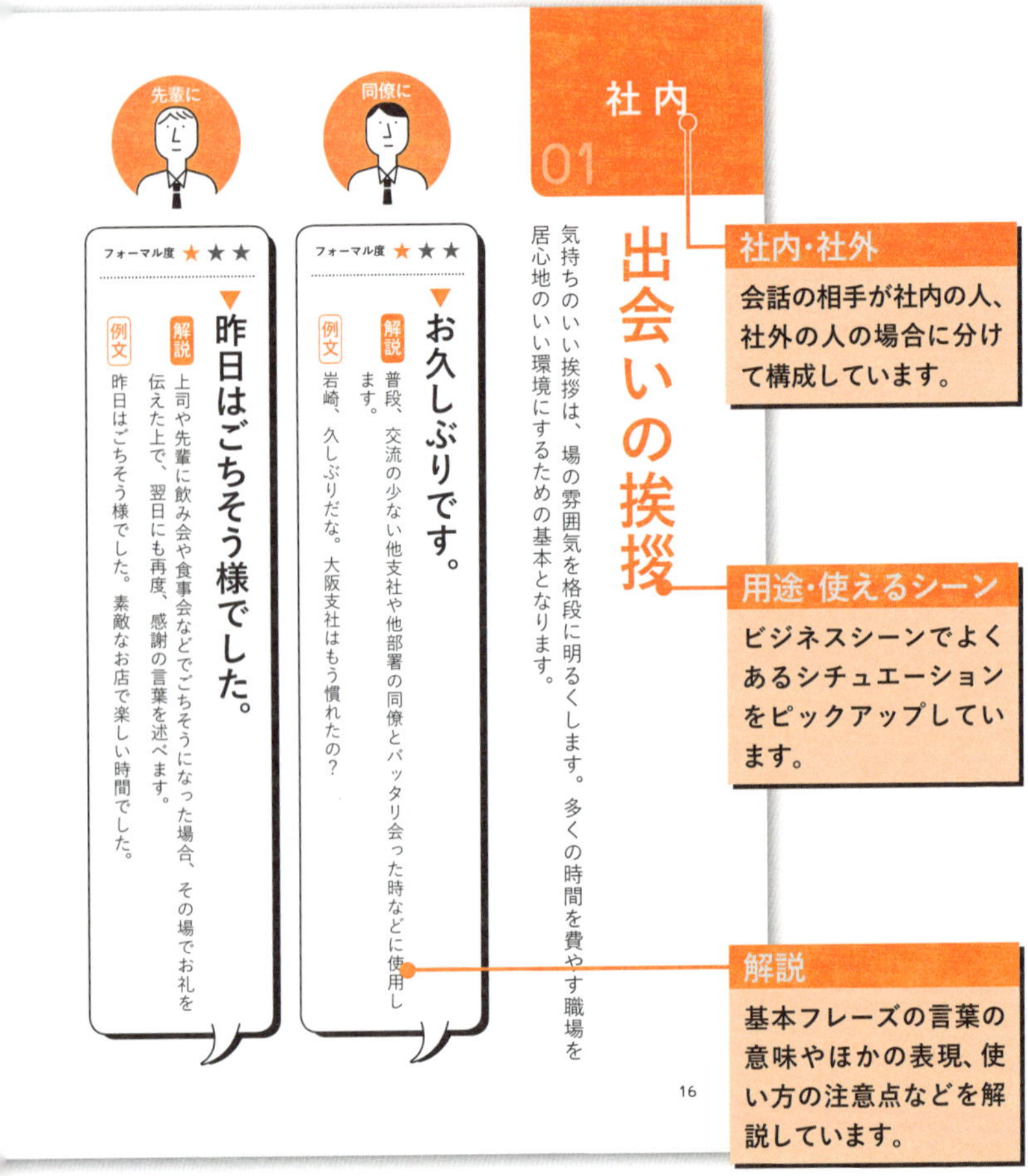

社内
01
出会いの挨拶
気持ちのいい挨拶は、場の雰囲気を格段に明るくします。多くの時間を費やす職場を居心地のいい環境にするための基本となります。
同僚に
フォーマル度 ★★★
お久しぶりです。
解説 普段、交流の少ない他支社や他部署の同僚とバッタリ会った時などに使用します。
例文 岩崎、久しぶりだな。大阪支社はもう慣れたの？
先輩に
フォーマル度 ★★★
昨日はごちそう様でした。
解説 上司や先輩に飲み会や食事会などでごちそうになった場合、その場でお礼を伝えた上で、翌日にも再度、感謝の言葉を述べます。
例文 昨日はごちそう様でした。素敵なお店で楽しい時間でした。
16
社内・社外
会話の相手が社内の人、社外の人の場合に分けて構成しています。
用途・使えるシーン
ビジネスシーンでよくあるシチュエーションをピックアップしています。
解説
基本フレーズの言葉の意味やほかの表現、使い方の注意点などを解説しています。

その時、その相手にふさわしいフレーズをあなたに

本書の特長と使い方

相手を想定した「顔イラスト」アイコン

目安として上司や同僚、クライアントなど8種類のアイコンがあります。相手によってうまく使い分けてください。このアイコンで分類された相手に合わせて、「例文」を作成しています。

フォーマル度

「★」(星印)が増えるに従って公式的で儀礼を踏まえた表現になります。目安としてご参考ください。

例文

「顔イラスト」アイコンの相手に実際に使うシーンを想定しています。時には基本フレーズを応用した例文になっています。

基本フレーズ

普段使う言葉から知性ある言葉まで揃えています。相手によって言い回しを変えましょう。

フォーマル度 ★★★

昨日は急に風邪で休んでしまいまして

解説 体調不良などで休んだ翌日には心配をかけた上司に言っておくといいフレーズです。回復したことや現在の体の調子などを伝えると、安心するでしょう。

例文 昨日は急に風邪で休んでしまい、申し訳ございません。本日は大丈夫です。

フォーマル度 ★★★

本日付で配属されました～

解説 同じ社内でも、異動時にはフルネームをしっかり伝えて自己紹介します。

例文 本日付で大阪支社から東京本社営業部に配属されました岩崎次郎と申します。東京エリアは初めての赴任となります。よろしくご指導のほど、お願いいたします。

フォーマル度 ★★★

～はいかがでしたか。

解説 出先から戻ってきた上司には、先に声をかけると喜ばれるものです。逆に自分が出先から戻った場合は、「ただ今、戻りました」と言いましょう。

例文 お帰りなさい。A社とのお打ち合わせはいかがでしたか。

17 | PART 01 挨拶の言葉

言葉づかいのトリセツ 目次

PART 03 打ち合わせの言葉

PART 04

返事の言葉

PART 05

問い合わせの言葉

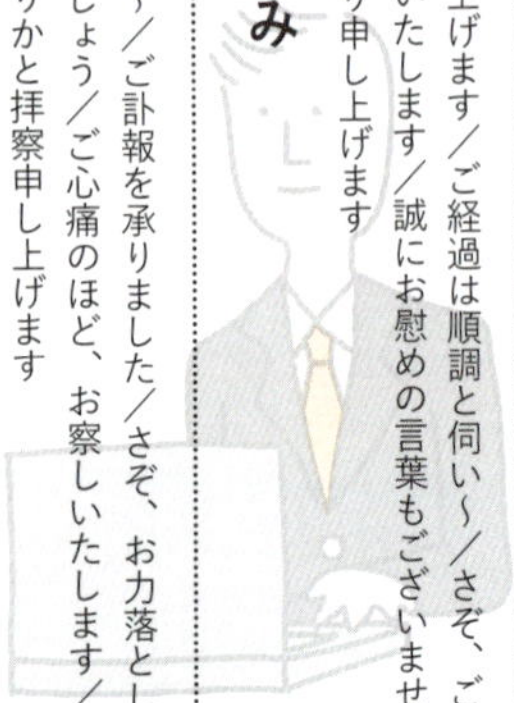

PART 09 使えるクッション言葉

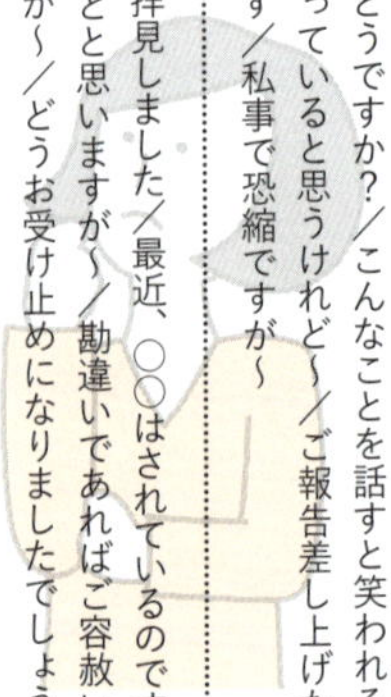

PART 10 接客の言葉

PART 11 ビジネスメールの言葉

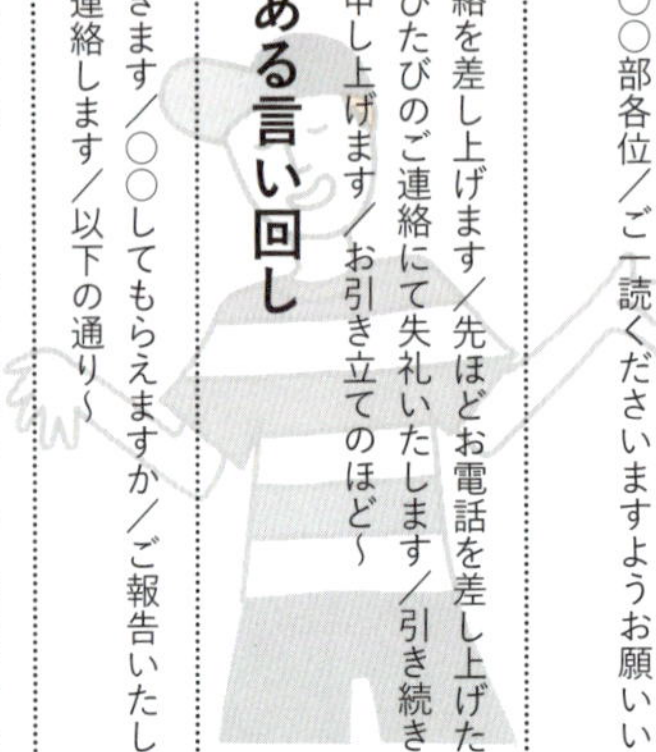

PART 12 電話の言葉

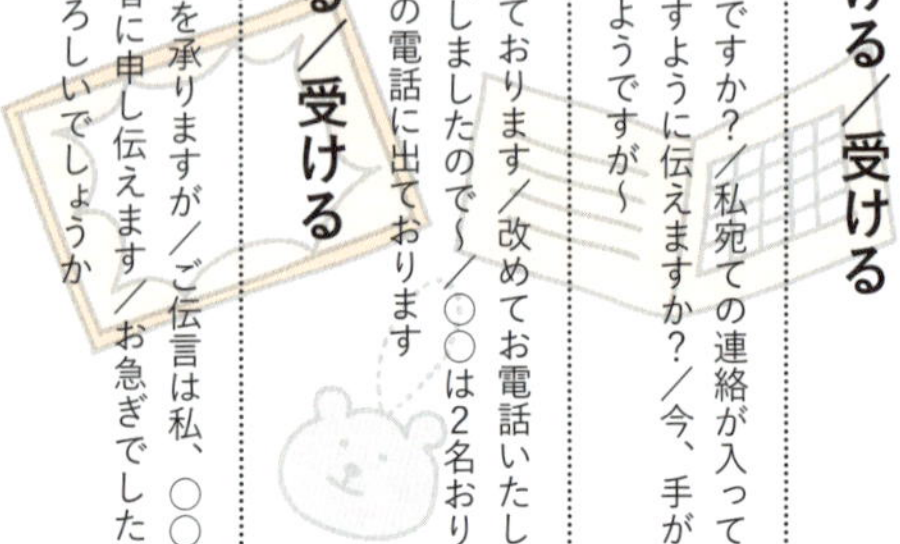

編集協力▼アスラン編集スタジオ
本文デザイン&DTP▼伊延梓・佐藤純（アスラン編集スタジオ）
本文イラスト▼伊延梓（アスラン編集スタジオ）

PART

01

挨拶の言葉

挨拶で人間関係の礎を築く

よい仕事のベースとなるのはよい人間関係です。その人間関係を築くために必要なのがコミュニケーション。とりわけ挨拶はコミュニケーションの基本です。相手によい印象を与えるためにも、自分から明るく挨拶をしましょう。

社内 01

出会いの挨拶

気持ちのいい挨拶は、場の雰囲気を格段に明るくします。多くの時間を費やす職場を居心地のいい環境にするための基本となります。

フォーマル度 ★★★

▼お久しぶりです。

解説 普段、交流の少ない他支社や他部署の同僚とバッタリ会った時などに使用します。

例文 岩崎、久しぶりだな。大阪支社はもう慣れたの？

フォーマル度 ★★★

▼昨日はごちそう様でした。

解説 上司や先輩に飲み会や食事会などでごちそうになった場合、その場でお礼を伝えた上で、翌日にも再度、感謝の言葉を述べます。

例文 昨日はごちそう様でした。素敵なお店で楽しい時間でした。

フォーマル度 ★★☆

昨日は急に風邪で休んでしまいまして〜

解説 体調不良などで休んだ翌日には心配をかけた上司に言っておくといいフレーズです。回復したことや現在の体の調子などを伝えると、安心するでしょう。

例文 昨日は急に風邪で休んでしまい、申し訳ございません。本日は大丈夫です。

フォーマル度 ★★☆

本日付で配属されました〜

解説 同じ社内でも、異動時にはフルネームをしっかり伝えて自己紹介します。

例文 本日付で大阪支社から東京本社営業部に配属されました岩崎次郎と申します。東京エリアは初めての赴任となります。よろしくご指導のほど、お願いいたします。

フォーマル度 ★★★

〜はいかがでしたか。

解説 出先から戻ってきた上司には、先に声をかけると喜ばれるものです。逆に自分が出先から戻った場合は、「ただ今、戻りました」と言いましょう。

例文 お帰りなさい。A社とのお打ち合わせはいかがでしたか。

出会いの挨拶

あなたの第一印象は挨拶で決まります。社外では、あなたは会社の代表であるということを忘れないように、しっかりと挨拶しましょう。

フォーマル度 ★★★

▼いつもお世話になっております。

解説 対面、電話、メールなど、あらゆる場面で使える定番のフレーズです。

例文 いつもお世話になっております。先日は100ケースもご注文いただき、ありがとうございました。

フォーマル度 ★★★

▼ご無沙汰しております。

解説 長らく顔を合わせることのなかった相手に使います。親しみが込められた言い回しでもあるので、場を和ませる効果もあります。

例文 山田部長、ご無沙汰しております。お元気そうで何よりです。

フォーマル度 ★★★

▼お会いできるのを楽しみにしておりました。

解説 初対面の相手と、いい関係を築くきっかけになるフレーズです。

例文 田村様、本日は足をお運びいただきまして、ありがとうございます。お会いできるのを楽しみにしておりました。

フォーマル度 ★★★

▼お初にお目にかかります。

解説 初対面の目上の取引先相手に使います。続けて、自分の名前など簡単な自己紹介をしましょう。

例文 お初にお目にかかります。ＡＢＣ株式会社営業１課の杉山一郎と申します。

フォーマル度 ★★★

▼突然のご連絡失礼いたします。

解説 手紙やメール、電話などで初めてアプローチする際のフレーズです。自分の都合で一方的に連絡していることをまずは詫びます。

例文 突然のご連絡失礼いたします。アスラン出版社第一編集部の佐藤と申します。

別れの挨拶

社内においては、帰宅の場面で主に使用します。今日を振り返り、明日の活力となるような、さわやかな挨拶をしましょう。

フォーマル度 ★★★

▼また明日、よろしくお願いします。

解説 業務途中で切り上げる場合など、続きを明日以降行うという確認も含めて使えるフレーズです。

例文 今日はここまでにしよう。また明日、よろしくお願いね。

フォーマル度 ★★★

▼早く帰るようにしてください。

解説 自分が帰る時にまだ部下が残っていたら、一声かけて帰宅を促しましょう。気にかけてくれていると相手も感じるものです。

例文 昨日も遅かったんだから無理はせず、早く帰るように。お疲れさまでした。

フォーマル度 ★★☆

▼お先に失礼いたします。

解説 社内に残っている人に向けて、先に帰宅することをスマートに伝えるフレーズです。

例文 では、お先に失礼いたします。また明日もよろしくお願いします。

フォーマル度 ★★☆

▼よいお年をお迎えください。

解説 何事もなく年越しができるように願いを込めたフレーズです。上司や先輩、同僚、部下の皆さんに広く伝えましょう。

例文 今年もたいへんお世話になりました。よいお年をお迎えください。

フォーマル度 ★★★

▼暇《いとま》乞《ご》いのご挨拶に伺いました。

解説 「暇」とは、ひま以外にビジネスでは仕事の合間や仕事以外の時間を指します。これを「乞う」ので、休日を取る、退職する際に使えるフレーズです。

例文 森部長、明日から育児休暇のため、暇乞いのご挨拶に伺いました。

社外 02

別れの挨拶

自分との面会のために時間をいただいたことへの感謝の言葉でもあります。次回につながるよう、心を込めて挨拶しましょう。

フォーマル度 ★★★

▼○○さんによろしくお伝えください。

解説 打ち合わせの時など、相手先の上司が同席しなかった場合などに、こちらの気遣いを伝えるフレーズです。

例文 ご出張中の間宮課長にもよろしくお伝えください。

フォーマル度 ★★★

▼楽しい時間でした。

解説 ビジネスライクな話だけでなく、プライベートな話など、雑談を交えながらした打ち合わせの後に使うといいフレーズです。

例文 本日はこれで失礼いたします。本当に楽しい時間でした。

フォーマル度 ★★★

今後ともよろしくお願いいたします。

解説 今までに引き続き、これからも末永くいい関係を築いていきたい気持ちを表すフレーズです。

例文 ご協力いただき、ありがとうございました。今後ともよろしくお願いいたします。

フォーマル度 ★★★

どうぞお気をつけてお帰りくださいませ。

解説 お客様を見送りする場面では、帰宅する道中のことを気遣いましょう。

例文 雨が激しくなるようです。足下にどうぞお気をつけてお帰りくださいませ。

フォーマル度 ★★★

より一層、ご要望に添えるよう～

解説 もし商談がまとまらなかった場合でも、やる気を伝えることでいい関係を壊さずに、次回へ希望をつなげられるでしょう。

例文 より一層、御社のご要望に添えられるようプランを練り直してまいります。

COLUMN

敬意の払いすぎ!? 二重敬語に注意

二重敬語とは、1つの言葉で敬語を2つ重ねてしまう言葉づかいです。例えば「お聞きになられる」は、「お聞きになる」という敬語に、「〜れる」という敬語を重ねた二重敬語です。

二重敬語は回りくどい印象を与えるので、ビジネスの場ではふさわしくありません。せっかくの相手を敬う気持ちが台無しになってしまいます。無意識に使っている人も多いので、きちんとインプットしておきましょう。

社会人ならば正しい敬語の使い方を知っておきたいですね。

よく見かける二重敬語

よく見かける「二重敬語」を紹介しましょう。主に「お」と「られる」の2つの敬語が重なっている例が目立ちます。

×おっしゃられる→○おっしゃる

×お呼びになられています→○お呼びになっています

×ご覧になられる→○ご覧になる

×お読みになられる→○お読みになる

×お出でになられました→○お出でになりました

×お越しになられる→○お越しになる

×お帰りになられました→○お帰りになりました

×お飲みになられました→○お飲みになりました

×お書きになられました→○お書きになりました

×ご注文をお承りしました→○ご注文を承りました

「いただき」は多用しない

敬語に対する苦手意識からか、「へりくだっていればいい」とわかりづらい言葉づかいをする人が増えています。特に最近は「いただき」を多用する傾向にあります。遠回しでわかりづらい言い回しをしてしまうと、かえって相手をイライラさせてしまうので、注意しましょう。

×拝見させていただく→○拝見します

×ご提案いただきました資料を拝見させていただきました→

○ご提案いただきました資料を拝見しました

NG文のような「拝見」という謙譲語に「いただく」という謙譲表現を重ねた二重敬語はくれぐれも避けましょう。

×検討させていただきまして、改めてご連絡させていただきます→

○検討いたしまして、改めてご連絡差し上げます

「いただき」が二度も出てくるため、聞きづらい上に読みづらい言い回しです。

「慣例」になっていればOK

一般に、二重敬語は適切ではありませんが、中には長い月日の中で慣例や習慣となった表現もあります。これらの言葉は使ってもOKです。

○**お伺いする**

「お」と「伺う（聞く）」の2つの敬語が重なっています。

○**お召し上がりになる**

「お」と「召し上がる（食べる）」の2つの敬語が重なっています。

○**ご連絡申し上げる**

「ご」と「申し上げる（言う）」の2つの謙譲語が重なっています。

「敬語連結」であればOK

2つの語がそれぞれ敬語でも、接続助詞「て」でつながっていれば二重敬語にはならず、「敬語連結」として使うことが可能です。

○**お読みになってくださる**

「読む」と「くれる」をそれぞれ敬語にして「て」でつなげているのでOKです。

○**お話しになっていらっしゃる**

「話す」と「いる」をそれぞれ敬語にして「て」でつなげているのでOKです。

ご提案いただいた企画は、
検討させていただいて、
明日ご連絡させていただきます。
いただきすぎ…

PART

02

会話が始まる言葉

関係を深めるきっかけを作る

気軽に、楽しい会話を交わすことで、相手に一歩近づくことができます。挨拶の後にちょっと添えると、楽しい会話が始まる言葉を集めました。

社内
03

天気や季節の話題

休憩時間などでの雑談のネタとしてうってつけです。まだあまり親しくない人とも気軽に会話ができる、貴重な話題でもあります。

フォーマル度 ★★★

▼今日は風が気持ちいいですね。

解説 通勤時に感じた率直な気持ちを会話のきっかけにすれば、ありがちな話題も違って聞こえます。

例文 今日は風が気持ちいいから、お昼は外で食べるとよさそうだね。

フォーマル度 ★★★

▼〇〇にでも行きたい気分です。

解説 実際は仕事があって行けなくても、気分転換したいという願望は誰とでも共感されやすいものです。季節によって、「〇〇」を使い分けましょう。

例文 早く仕事を切り上げて、海にでも行きたい気分ですね。

フォーマル度 ★★★

今年は桜の開花が少し早まりそうです。

解説 桜は春の話題として定番です。新年度を迎えると、誰もが気持ちを新たにするので、今年度の目標などの話題も添えると、会話に広がりが出ます。

例文 今年は暖かい日が続いているので、桜の開花が少し早まりそうですね。

フォーマル度 ★★★

雲1つない、気持ちのよい天気です。

解説 晴れやかな気分で仕事に取り組みたいという前向きさを表現できる言葉です。

例文 今日は雲1つない、気持ちのよい天気ですから、商談も晴れやかな気持ちで進められるといいですね。

フォーマル度 ★★★

○○はどのように過ごされたのですか？

解説 正月、ゴールデンウィーク、夏休みなどの長期休暇の過ごし方は、誰とでも盛り上がりやすいテーマです。話題に困った時に便利です。

例文 大河原部長は、お正月はどのように過ごされたのですか？

社外 03

天気や季節の話題

社外の人と、コミュニケーションのきっかけにしやすい話題です。蒸し暑かったり、肌寒かったりすることも、どうすれば過ごしやすいかといった会話につなげましょう。

フォーマル度 ★★★

▼春めいてきましたね。

解説 相手との間に和やかな雰囲気をつくりたい時は、穏やかな季節の話題が効果的です。春夏秋冬、どの季節でも使えます。

例文 だんだんと春めいてきて、だいぶ過ごしやすくなりましたね。

フォーマル度 ★★★

▼季節の変わり目ですので～

解説 季節が移り変わる時期という事実を伝えるだけなく、相手の体調を気遣う言葉をつなげることで、いたわりのフレーズともなります。

例文 季節の変わり目ですので、お風邪など召されぬようどうぞご自愛ください。

フォーマル度 ★★★

ここ数日は花冷えです。

解説 「花冷え」は桜の花が咲く頃、一時的に冬のような寒さになる日を指します。曇った日の「花曇り」、強風の日の「花散らしの風」などと入れ替えが可能です。

例文 春が来たと思ったら冬に逆戻りでしょうか。ここ数日は花冷えですね。

フォーマル度 ★★★

一年もあっという間です。

解説 年度の変わり目、会ってから一年経ったことなど、節目を感慨深く振り返る際に使うフレーズです。

例文 一年もあっという間です。お会いしてから、もうそんな時が経ったのですね。

フォーマル度 ★★★

年の瀬が近づいてまいりました。

解説 慌ただしくなる年末を前に、取引先と連絡を取る口実となります。

例文 年の瀬が近づいてまいりました。弊社がお手伝いできる事項がございましたら、ぜひお申しつけください。

社内
04

プライベートの話題

同じ社内の人間でも、個人的な話題に触れる機会は意外と少ないものです。自分からきっかけをつくり、親睦を深めましょう。

フォーマル度 ★★★

▼昨日、〇〇なことがありました。

解説 直近の身近なことは話題にしやすく、話のきっかけにもなりやすいものです。

例文 昨日、会社帰りに書店に寄ったのですが、今回の芥川賞を受賞した作家の新刊がもう売り切れになっていましたよ。

フォーマル度 ★★★

▼話題の〇〇が気になっています。

解説 流行のテーマを絡めると、情報交換にもなります。話も広がりやすいでしょう。

例文 話題のパンケーキ屋が気になっているんだよね。新しく原宿にできた店に行ってみたいなあ。

フォーマル度 ★★★

▼実は私も○○です。

解説 相手の話の中に共通点を見つけ、「自分もそうです」と伝えることで、一気に距離が縮まります。

例文 曽我部さん、登山がお好きなんですか？ 実は私も登山が趣味なんです。

フォーマル度 ★★★

▼○○さんは○○でしたよね？

解説 言葉数の少ない相手には、こちらから話題をふってあげると、相手も話しやすくなります。

例文 宮島さんはサッカーがお好きでしたよね？ 昨日のテレビ中継は見ましたか？

フォーマル度 ★★★

▼お恥ずかしい話ですが〜

解説 本当は隠していたい、言いにくいことを打ち明ける時に用います。

例文 お恥ずかしい話ですが、実は若い頃にミュージシャンを目指していたことがありまして…。

社外
04

プライベートの話題

社外では、プライベートの話題を遠慮する人もいるでしょう。しかし、場合によっては、より親密になるために必要な要素でもあります。

フォーマル度 ★★★

▼今日も○○ですね。

解説 相手から受けるよい印象を素直に伝えることで、お客様の心をほぐしましょう。その後の打ち合わせや関係もスムーズなものになります。

例文 今日もさわやかですね。清宮さんに会うと、こちらも元気になります。

フォーマル度 ★★★

▼以前、○○とおっしゃっていましたが〜

解説 過去に話した話題を持ち出すと、「覚えてくれていたんだ!」と喜ばれるでしょう。

例文 以前、旅行が趣味とおっしゃっていましたが、最近はどちらかにお出かけになられましたか?

フォーマル度 ★★☆

思わず笑ってしまうことがございまして～

解説 前振りだけで相手を会話に引き込めるフレーズです。期待感を高めた分、とっておきの笑い話を用意しておきましょう。

例文 先日、思わず笑ってしまうことがございまして、聞いていただけますか？

フォーマル度 ★★★

手前味噌で恐縮ですが～

解説 自分や自社の自慢となるような話をする時に、謙遜の意味を込めて使用します。

例文 手前味噌で恐縮ですが、来年度、自社ビルの建て替えを予定しておりまして～。

フォーマル度 ★★★

一身上の都合により～

解説 退職の挨拶など、取引先に個人的なことを伝える場合に用います。

例文 私事で大変恐縮ですが、一身上の都合により5月31日で山田商事を退職することになりました。

COLUMN

高感度〝助詞〟で物腰やわらかな人になろう

俗に「てにをは」と呼ばれる助詞のことです。一口に助詞といっても、その種類は数多くあります。格助詞、並立助詞、副助詞、接続助詞、終助詞など、その分け方は実に多いのです。たった1つの文字であっても、文全体の印象が変わってしまう「助詞」の使い方について、その一端を解説しましょう。

助詞力を高めて女子力をアップ！

助詞の中には、女性特有の終助詞があります。「～だわ」や「～かしら」など、やわらかなイメージを与えやすい助詞です。

○「この花、綺麗だわ」
○「私に似合うかしら」
○「すばらしいお部屋ですこと」

最近では、こうした女性特有の助詞が使われなくなったと指摘する声もあります。若い女性を中心に、男性言葉を使う人が増えているということです。

女性特有の終助詞は、女性を上品に見せてくれますから、使う人が少なくなっているのは少し残念な話ですね。そこで最近では、女性らしさを示す「女子力」に掛けて、「女子力」をアップさせるには、「助詞」を上手に使う「助詞力」を高めるべきであると、ネットを中心に話題になっています。

やわらかな表現を演出する助詞は、女性だけ

でなく男性にもあります。例えば、「○○です」というフレーズに、助詞をつけて印象を変えてみます。

○「○○**ですね**」

○「○○**ですよね**」

文末に「ね」や「よね」をつけるだけで、相手に共感を求める意味合いをより込められます。語尾を変えただけでやわらかなイメージになり、相手との距離感が縮まります。

一文字でぐっと印象が変わる

助詞で言葉のニュアンスが変わる分、ちょっとした使い方の違いで、好印象になったり、感じが悪くなったりするので注意しましょう。

明日は優先席があります→明日だけは優先席があります

ちょっとした違いですが、「だけ」を加えると、特別感がより演出されます。「皆さんだけには」「今日だけ、お求めになれます」というフレーズが店先などで耳に入ると、つい気になってしまいますよね。

また、「勉強しなさい」は強い口調で強制されているように感じるのに対し、「勉強なさい」だと上品に聞こえます。このように、受け取り側の印象が変わるのが助詞の力なのです。

ほかにも、助詞の使い方で印象が変わるフレーズをいくつか列挙しましょう。それぞれ意味は通じますが、感じる印象や読みやすさの違いを理解できるのではないでしょうか。

△**1時間も眠れる→**○**1時間は眠れる**

△**愛だけで幸せになれない→**○**愛だけでは幸せになれない**

△**いまだに来ていない→**○**いまだ来ていない**

△**晩ご飯はカレーでいい→**○**晩ご飯はカレーがいい**

×花が売っている店はありますか？→〇花を売っている店はありますか？

×豆腐は大豆よりつくる→〇豆腐は大豆からつくる

×酒が飲める→〇酒を飲める

×仕事の都合で行けません→〇仕事の都合により行けません

×過去より現在に向けて→〇過去から現在へ向けて

×私の方へ投げつけた→〇私の方に投げつけた

助詞抜きにもご注意を

最近は、助詞「抜き」言葉が増えているようです。友人との軽い会話なら問題ないかもしれませんが、ビジネスやオフィシャルな場での会話や文章では「幼稚」「口の利き方がなっていない」と判断されてしまいかねません。

助詞をきちんと使うことで、ていねいな印象になりますので気にかけましょう。

×今日買い物行かない→〇今日（は）買い物（へ）行かない

×自由時間ない→〇自由（な）時間（が）ない

PART

03

打ち合わせの言葉

的確な言葉づかいが答えを導く

打ち合せや会議などでは、その場をリードしたり、提案したり、説明したりすることがあります。相手の意見を尊重して、自分の考えもしっかり伝える。言葉の選び方がカギになります。

社内

05

仕切る

社内の人たちはあなたの進行能力に期待しています。筋道を示す言葉づかいを駆使して、リーダーシップを発揮しましょう。

フォーマル度 ★★★

▼本日の進行を務めさせていただきます。

解説 会議などで司会進行役が冒頭に発するフレーズです。

例文 お忙しいところお集まりいただき、ありがとうございます。本日の進行を務めさせていただきます、営業1課の大池由里子です。

フォーマル度 ★★★

▼ざっくばらんなご意見をお願いします。

解説 出席者に自由な意見を求める際のフレーズです。さまざまな意見を吸い上げ、掌握して、円滑な進行をしましょう。

例文 営業推進案について、皆さんまずはざっくばらんなご意見をお願いします。

フォーマル度 ★★☆

次の項目に移ります。

解説 時間に限りがある場合、ある程度で見切りをつけ、次の事案へと話題を変えます。進行役の重要な役目の1つです。

例文 それでは、次の項目に移ります。三上くん、皆さんにご説明をお願いします。

フォーマル度 ★★★

今のご提案について、いかがでしょうか?

解説 ポイントとなる意見が出たら、それを軸に進めていきましょう。

例文 宮台さん、今のご提案について、いかがでしょうか? 営業部の新規開拓というご提案に対して、従前顧客の掘り起こしの方がいいということですが。

フォーマル度 ★★★

お話を少し戻させていただきますと~

解説 論点が混乱したら、進捗を振り返り、決定済み事項などを確認します。

例文 お話を少し戻させていただきますと、新機種販売提案で決定しました。部長、それを踏まえ、木村商事へのアプローチ方法を考えてはいかがでしょう。

社外

05

仕切る

社外の打ち合わせでは相手への気遣いが大切です。こちらの意見や要望を伝えつつ、相手を尊重して進行をしましょう。

フォーマル度 ★★★

▼お時間が限られていますので〜

解説 何の決定もないまま会合が終わっては、あなたの進行能力がないと判断されかねません。時間と進捗を見極めながら進行しましょう。

例文 お時間が限られていますので、そろそろまとめに入りたいと思います。

フォーマル度 ★★★

▼皆様のご意見をまとめると〜

解説 議論のポイントごとに意見をまとめることで、論点がすっきりし、問題にするべき事柄が見えやすくなります。

例文 皆様のご意見をまとめると、問題は次の3つに分類できると考えられます。

フォーマル度 ★★★

本日決まったことを再確認させていただきます。

解説
決定事項は最後に改めて確認しましょう。理解も深まり、共有もできます。

例文
本日決まったことを再確認させていただきます。今回の商品については10ロット生産ごとに順次、トラック配送する方法で行います。

フォーマル度 ★★★

次回の日程を決めておきたいのですが～

解説
次回の約束をその場で決めて、業務スピードを高めるためのフレーズです。

例文
次回の日程を決めておきたいのですが、来週金曜日午後1時からはいかがでしょうか。

フォーマル度 ★★★

貴重なお時間をいただき～

解説
最後に有意義な打ち合わせができたことの感謝を述べましょう。

例文
本日は貴重なお時間をいただき、ありがとうございました。次回は10月14日水曜日、11時から行います。

提案する

どんなにすばらしい企画でも、ちゃんと相手に伝えることができなければ、実現しません。あなたの企画を評価してもらうために言葉づかいを工夫しましょう。

フォーマル度 ★☆☆

▼ほかの方法もあります。

解説 選択肢が1つしかなければ行き詰まる可能性があります。代案を提示することで、新たな可能性が生まれます。

例文 文章を増やす以外にも、図表を増やすなど、ほかの方法もあると思うよ。

フォーマル度 ★★☆

▼ほかの方のご意見も聞いてみましょう。

解説 なかなか意見がまとまらない場合は、第三者の意見など、別の視点を取り入れる提案も有効です。

例文 松本商事さんや、佐藤物産さんなど、ほかの社のご意見も聞いてみましょう。

フォーマル度 ★★☆

再度考えてみたのですが〜

解説 一度は却下された意見を再び提案する場合などに用います。解決を一所懸命模索していることもアピールできるフレーズです。

例文 再度考えてみたのですが、やはり浜崎さんの案がいいのではないでしょうか？

フォーマル度 ★★★

私の意見を申し上げます。

解説 率直な意見を提案する時の前置き言葉です。聞く側の姿勢も整います。

例文 私の意見を申し上げますと、ポイント付与案がいいと思います。理由は、値引きであれば、将来の値上げが難しくなるからです。

フォーマル度 ★★★

このようにしてみてはいかがでしょうか？

解説 押しつけがましくなく、自分の意見を提案するフレーズです。

例文 課長、北村商事さんの件は、このようにしてみてはいかがでしょうか？ 陸上運搬を海上輸送に変えるのです。

社外
06

提案する

こちらの意見を強引に押し通すのは、大きな間違いです。相手の意向を汲みながら、意見や考えを提示して、双方の思いを調整しましょう。

フォーマル度 ★★★

▼お薦めします。

解説 より最適なものを提案する際に使います。説得力のある理由も添えると、相手のことを考えてのことだと、誠意も伝わります。

例文 井上様の場合の使用頻度を考えますと、こちらをお薦めいたします。

フォーマル度 ★★★

▼○○という考え方もありませんか？

解説 相手が強引に意見を押し通そうとしてきた時など、やんわりとほかにも案があることを伝えます。

例文 または、いっそ開きドアを引き戸に変更するという考え方もありませんか？

フォーマル度 ★★★

▼〇〇の方が妥当かと思います。

解説 相手が判断を逡巡している場合に、こちらから選んであげて、その理由を述べる言い回しです。

例文 コストを重視するのでしたら、当初の計画の方が妥当かと思います。

フォーマル度 ★★★

▼再度、検討する機会を設けませんか？

解説 微妙な案しか出揃っていなくて、決定までに時間的な余裕がある場合は、だらだらと打ち合わせ時間を延長せず、いっそのこと仕切り直しましょう。

例文 日を改めて、再度、検討する機会を設けませんか？

フォーマル度 ★★★

▼できましたら、〇〇で進めさせていただけますか。

解説 なるべく自分の意見で決定したい場合、理由や根拠を添えます。

例文 できましたら、杭基礎は回転貫入工法で進めさせていただけますでしょうか。なぜなら、地盤との相性が一番いいからです。

社内
07

説明する

相手の立場を考えて、簡潔に行うのが説明のポイントです。相手がどこまで理解しているのかを確認した上で話しましょう。

フォーマル度 ★★★

▼あえて一言で言いますと～

解説 要点を絞る、一番伝えたい主題を明確にする効果があります。このフレーズを使うことで、議論の筋道が見えやすくなります。

例文 今回の狙いをあえて一言で言いますと、「新規性」です。

フォーマル度 ★★★

▼○○の立場から見ますと～

解説 一方向からだけでは理解しづらい点は、観点を変えて説明しましょう。視点が変わることによって、わかりやすくなる可能性があります。

例文 お客様の立場から見ると、今回の物件は価格に見合わないのかもしれません。

フォーマル度 ★★★

▼すでにご存じかと思いますが～

解説 基本的な情報について改めて説明する時に使います。

例文 すでにご存じかと思いますが、受注が決定したので、担当を割り振りたいと思います。

フォーマル度 ★★★

▼疑問が生じやすい点についてご説明します。

解説 先回りして相手が疑問に思いそうなポイントを説明する時に使います。説明相手の不安を解消し、信頼感を高めます。

例文 合併に際して、あらかじめ疑問が生じやすい点についてご説明します。

フォーマル度 ★★★

▼今回のゴールを申しますと～

解説 目指すゴールが決まっていて、それに至る方法などを検討する際に使える言い回しです。どこに向かって協議をすればいいのかが明確になります。

例文 今回のゴールを申しますと、20代の女性顧客を10％アップすることです。

社外 07

説明する

商談の成否は説明力にかかっていると言っても過言ではありません。相手の要望をどう実現していくのか。説明にはわかりやすさ、簡潔さ、丁寧さが求められます。

フォーマル度 ★★★

▼手短にご説明いたします。

解説 端的に説明するための基本フレーズです。相手に頭の中を整理してもらってから、本題に入りましょう。

例文 手短にご説明いたします。新規プロジェクトの件は、見送りとなりました。

フォーマル度 ★★★

▼一例を申し上げますと～

解説 相手に伝わりにくい内容について、事例を示しながら説明するためのフレーズです。

例文 一例を申し上げますと、このシステムにより各店舗の在庫を一元管理できます。

フォーマル度 ★★★

内容を少し噛み砕いてご説明します。

解説 難しい内容、特に強調したい内容について、再度、わかりやすく説明する時のフレーズです。

例文 この技術の実用法について、内容を少し噛み砕いてご説明します。

フォーマル度 ★★★

ここまでご不明な点はございますでしょうか。

解説 相手がきちんと理解しているかを確認しながら説明していくことによって、間違いを防ぐ効果が得られます。

例文 一通りご説明しましたが、ここまでご不明な点はございますでしょうか。

フォーマル度 ★★★

事情をお汲み取りいただければ幸いです。

解説 こちらの苦しい立場や事情について説明し、相手に理解を求めたい時に使います。

例文 納期の遅れにつきましては、事情をお汲み取りいただければ幸いです。

社内

08

質問する

ビジネスにおいて、わからないことをわからないままにしておくのは、後々のトラブルの元になります。不明点や疑問点は、質問によって徹底的に解消しましょう。

フォーマル度 ★★★

▼〇〇という理解で間違いないでしょうか。

解説 相手の説明がわかりにくい時や自分の理解が正しいのか確信が持てない時に使うフレーズです。

例文 つまり納品日については、3か月後という理解で間違いないかな。

フォーマル度 ★★★

▼例えば〇〇の場合だとどうなりますか。

解説 相手からアイデアを引き出したい時、話を展開させたい時などに効果を発揮する言葉です。

例文 この女性向けの商品だけど、例えばLGBTのお客様だとどうなるかな。

フォーマル度 ★★★

お聞かせ願えますか。

解説 へりくだりつつも踏み込んで質問したい時、相手の本意を確かめたい時などに使います。

例文 類似商品との差別化ポイントをお聞かせ願えますか。

フォーマル度 ★★★

立ち入った質問で恐縮です。

解説 相手のプライベートなことや、話しにくそうなことを質問する時に使います。

例文 立ち入った質問で恐縮ですが、その商品を購入されたことはありますか。

フォーマル度 ★★★

つかぬことを伺います。

解説 それまでの話とは関係のない文脈から質問をする時のフレーズです。話題を変えたい時にも応用できます。

例文 つかぬことを伺いますが、明日の会議の参加者は何名でしょうか。

社外 08

質問する

相手に単に問いかけて、聞くだけの姿勢はタブーです。質問する際には、相手の気持ちを想定しながら、その意向を汲み取っていくことが大切です。

フォーマル度 ★★★

▼△△と○○では、どちらをお選びになりますか。

解説 結論が出にくい時など、相手が答えやすくなるように、選択肢を設定しながら質問します。

例文 こちらのスカートですが、赤と白ではどちらをお選びになりますか。

フォーマル度 ★★★

▼その方面にお詳しいとお聞きしましたので〜

解説 「ほかでもなくあなたに聞きたい」というニュアンスが強まります。相手の自尊心をくすぐりながら教えを請うための表現です。

例文 その方面にお詳しいとお聞きしましたので、ご教示いただければと思います。

フォーマル度 ★★★

お導きのほどよろしくお願いいたします。

解説 指導を仰ぎたい、ぜひとも教えていただきたいという熱意が相手に伝わるフレーズです。

例文 浅学《せんがく》非才《ひさい》の身ゆえ、お導きのほどよろしくお願いいたします。

フォーマル度 ★★★

いかがいたしましょうか。

解説 相手の予定などのお伺いを立てる時の質問フレーズです。候補を挙げることで、回答を限定する方法もあります。

例文 次回、投資プランをご提案させていただく予定はいかがいたしましょうか。

フォーマル度 ★★★

腹蔵《ふくぞう》ないご意見をお聞かせください。

解説 「率直な意見を聞かせてください」の意味。「忌憚《きたん》ないご意見をお聞かせください」などの表現もあります。

例文 ぜひ、今回の合併案について、腹蔵ないご意見をお聞かせください。

COLUMN

ネガティブな言葉とポジティブな言葉

ネガティブな言葉を使っていると、聞いている人は不快に感じます。直接、聞き手を批判していなくても、ネガティブな言葉が続くと、まるで自分が否定されているような気分になってしまうのです。結果として、自分の印象を悪くするので、損をしてしまいます。

また、ネガティブな言葉を使うか、ポジティブな言葉を使うかで、さまざまな面に影響を与えるので注意しましょう。

仕事が立て込んでいる時の断り文句

仕事が立て込んでいる時に、上司に書類作成を依頼されたり、お客様に在庫が少ない商品を「急ぎで大量に送ってほしい」と依頼されたりすることがあります。このような自分の努力では解決できない依頼を受けた時、否定的な言葉で返事をするのは問題です。

× **できません**
× **わかりません**
× **ありません**

このような言葉で「依頼に応えられない」と伝えると、相手は「やる気がない」「仕事ができない」と感じてしまう恐れがあります。言い方を工夫しましょう。

△**明日になってしまいます**
△**調べればわかるかもしれません**
△**3つしか無理です**

先ほどの否定形よりはいくらか表現がやわらいだものの、まだ「仕事に前向き」という印象を持つには至りません。

そこで、このような場合には、

〇**今日中では難しいですが、明日3時くらいまでにはできます**
〇**その分野の知識はありませんが、できる限り調べてみますのでお時間いただけますか**
〇**今日発送できるのは3つですが、来週までお待ちいただければ20個程度ご用意できます**

などとポジティブな言葉を使いましょう。ポイントは、①否定的な言葉ではなく、肯定的な言葉を使う、②難しい要求は代替案を出す、の2つです。

代替案を出すことで、「今すぐにはできない事情があるけれど、仕事には前向きに取り組んでいる」と印象づけることができます。

肯定的な言葉で考え方を変える

「ピンチはチャンス」という言葉は、同じ状況でも見方を変えれば別の局面があることを表しています。同じシーンでも、表現の方法はさまざまあります。ポジティブな言葉で、前向きに受け止めるようにしましょう。

×**もう1時間しかない**→〇**まだ1時間はある**
×**疲れていませんか?**→〇**がんばりすぎていませんか?**
×**失敗したらどうしよう**→〇**まずはやってみよう**
×**時間が足りない**→〇**時間内でできる方法を考えよう**

性格や行動をポジティブにとらえる

相手の行動や様子、性格などに対しても、前向きに受け止め、ポジティブに伝えましょう。見方によって、人の評価は変わるものです。よい側面を伝えて、人間関係を築くことが大切です。

×行動力がない→○堅実
×信念がない→○柔軟
×現実逃避する→○気分転換がうまい
×ありきたり→○定番
×派手な人→○印象に残る人
×経験不足→○新鮮な見方
×能力不足→○可能性を秘めている
×気が小さい→○謙虚
×頑固な人→○意志の強い人
×要領が悪い→○マイペースで自分を持っている人
×視野が狭い人→○集中力の高い人

×応用力がない人→○基本に忠実な人
×行き当たりばったり→○臨機応変に対応できる人
×騒々しい人→○にぎやかで元気のある人
×不平や文句の多い人→○自分の意見を持っている人

PART

04

返事の言葉

YES、NOだけではない豊かな表現

相手の話を聞く時、喜ばしい依頼を受けた時、あるいは断らざるを得ない時など、単純にYES、NOを伝えるだけでは気持ちが伝わらないことがあります。気持ちを上手に表現する返事の言葉をインプットしましょう。

社内
09

あいづちを打つ

あいづちは会話の潤滑油です。機械的にではなく、次の展開を考えながらあいづちを打つと、コミュニケーションがうまくいくでしょう。

フォーマル度 ★★★

その通りです。

解説 相手の意見に賛同する際のフレーズです。「よくわかります」も使えます。

例文 まったく、その通りですよね。現状では駆け足になっているので、そこはもう少し時間をかける必要があると思います。

フォーマル度 ★★★

それは何よりです。

解説 相手の自慢話に同調する時、相手の成果などを讃える時に使える言葉です。相手のうれしいという気持ちに素直に応えるようにしましょう。

例文 昇進が決まったんですか。それは何よりですね。

フォーマル度 ★★★（1/3）

その気持ち、わかります。

解説 相手が弱音を吐いたり愚痴をこぼしてきたりした時に、共感する気持ちを伝えるためのフレーズです。相手の気持ちを鎮めるのにも効果的です。

例文 結局相手に強く言えなかったんだな。その気持ち、わかるよ。

フォーマル度 ★★★（2/3）

もう少しお聞かせ願います。

解説 相手の話に興味を示し、もっと話を引き出すために有効なフレーズです。身を乗り出す感じで使いたいところです。

例文 東京営業所開設当時のお話について、もう少しお聞かせ願います。

フォーマル度 ★★★（3/3）

そうお考えになるのも、もっともなことです。

解説 一通り相手の意見を聞いた上で、「自分も同意している」という気持ちを伝えるフレーズです。多少意見が食い違っても、いったん肯定するのが大人の態度です。

例文 計画を白紙に戻したのですか。そうお考えになるのも、もっともなことです。

社外 09

あいづちを打つ

あいづちがないと、話し手は「自分の話が理解されているのか」と不安になります。相手を安心させるためにも、ちゃんとあいづちを打ちましょう。

フォーマル度 ★★★

▼すばらしいです。

解説 相手の話題に共感する気持ちを伝えるフレーズです。相手の気分が乗り、新たな会話を引き出すきっかけにもなるでしょう。

例文 社長室の撤去とは、すばらしい。思い切ったオフィスデザインですね。

フォーマル度 ★★★

▼おっしゃる通りです。

解説 相手の気持ちに無条件に同感することで、お互いの距離が縮まります。ストレートに「私も同じ考えです」でもいいでしょう。

例文 先ほどからの払戻金に対するご指摘の点、おっしゃる通りです。

フォーマル度 ★★☆

と、おっしゃいますと～

解説 相手の本音を引き出したい時、別の角度からもう一度語ってほしい時に使えるフレーズです。

例文 と、おっしゃいますと、どのような解釈になりますでしょうか。

フォーマル度 ★★★

異存ありません。

解説 相手の主張や提案などに同意する意味で使うあいづち表現です。「異論の余地がありません」などの表現も覚えておきましょう。

例文 新型自動掃除機の発売延期とのご判断に異存ございません。

フォーマル度 ★★★

深く得心《とくしん》いたしました。

解説 相手の話の内容に深く同意したこと、納得できたということを伝えるための言葉です。

例文 統計学ブームの背景について、深く得心いたしました。

社内 10

引き受ける

スキルアップのためにも、仕事を依頼されたら積極的に引き受けたいものです。ただ、安請け合いは自分も周りも混乱しますから、返事には気をつけましょう。

フォーマル度 ★★★

承知しました。

解説 仕事を指示された場合の返事として、口頭やメール、電話など、どのような状況でも使えます。

例文 申し込みサイトの運営スタートは来月からとのこと、承知しました。

フォーマル度 ★★★

私でよろしければ～

解説 引き受ける気持ちを遠慮がちに伝えたい際に使えるフレーズです。「やりたくないのでは？」と思われる可能性もあるので、声のトーンに気をつけましょう。

例文 私でよろしければ、アンケート調査のとりまとめをお引き受けいたします。

フォーマル度 ★★☆

▼ご期待に添えるようがんばります。

解説 こちらのやる気を示すフレーズです。言われた相手もあなたに頼んでよかったと思うことでしょう。

例文 新しい設計図の作成の件、ご期待に添えるようがんばります。

フォーマル度 ★★★

▼難しいかもしれませんが、がんばります。

解説 困難な課題のため少し弱さを見せつつも、前向きに取り組みたいという積極的な姿勢をアピールできる言い回しです。

例文 初めての試みですので難しいかもしれませんが、がんばります。

フォーマル度 ★★★

▼私が精一杯、務めさせていただきます。

解説 ほかの人が担当する予定だった仕事を引き受ける際などに使用します。力不足と思われていても、このフレーズによって相手は少し安心します。

例文 鈴木さんの代わりに、私が精一杯、務めさせていただきます。

社外
10

引き受ける

仕事を依頼されたら、やはり相手に「頼んでよかった」と思ってもらいたいものです。そのためにも、まずは最初の返事の仕方が重要となります。

フォーマル度 ★★★

▼ご依頼いただき、ありがとうございます。

解説 感謝の気持ちを述べつつ、引き受ける旨を伝えるフレーズです。

例文 このたびはご依頼いただき、ありがとうございます。早速ですが、お打ち合わせの日時はいかがいたしましょうか。

フォーマル度 ★★★

▼ほかならぬ、○○さんのご依頼とあっては～

解説 親しくしている取引先からの依頼を引き受ける際、また相手を親密に感じているというニュアンスを伝える際にぴったりのフレーズです。

例文 ほかならぬ、田所さんのご依頼とあっては、お断りできるはずもありません。

フォーマル度 ★★★

かしこまりました。

解説 「かしこまる」とは、恐れ入って謹しんだ態度になることです。依頼やお願いをされて、謹しんで引き受ける際の定番のフレーズです。

例文 かしこまりました。まずはお見積書をご用意させていただきます。

フォーマル度 ★★★

承りました。

解説 進行している途中で、先方から仕様変更などの指示があった場合の返事に用います。

例文 ご購入契約済み商品のカラー変更の件、承りました。すぐ対応いたします。

フォーマル度 ★★★

○○が担当させていただきます。

解説 受注するとともに、担当者を明確にすることで、相手は安心します。連絡の行き違いのリスクを減らすために使うフレーズです。

例文 私、田中が担当させていただきます。どうぞよろしくお願いいたします。

フォーマル度 ★★★

喜んでお引き受けいたします。

解説 相手の申し入れに対して、気持ちよく引き受ける際のフレーズです。口答でも文書やメールでも使うことができます。

例文 7月に完成予定の栃木工場のご見学の件、喜んでお引き受けいたします。

フォーマル度 ★★★

勉強させていただきます。

解説 値引き要請を受ける際の常套フレーズです。相手を立てて要望に応えるので、こちらの謙虚さが伝わります。

例文 長いお付き合いですので、金額は勉強させていただきます。

フォーマル度 ★★★

今回に限り〜

解説 厳しいリクエストを受け、「今回だけはＯＫ」と返事する際に使うフレーズです。次回以降は受け入れられないことを暗に伝えます。

例文 前回と同じ品を間違って購入されたのでしたら今回に限り、返品を承ります。

フォーマル度 ★★★

お申し越し

解説 文書やメールで仕事や注文を依頼された際に、相手のリクエスト内容のことを指します。

例文 このたびの大変ありがたいお申し越しにつきまして、お礼申し上げます。

フォーマル度 ★★★

尽瘁《じんすい》いたす所存です。

解説 「尽瘁」は「全力を尽くす」という意味です。「尽力」とも言い換えられます。大切なクライアントなどに「がんばります」と伝える際に使いましょう。

例文 弊社も微力ながら展示会が無事終了するまで、尽瘁いたす所存です。

フォーマル度 ★★★

深謝《しんしゃ》いたします。

解説 「深謝」は深く感謝するという意味で、「感謝」よりも丁寧な表現です。主に文書などで使用します。

例文 毎月の発注数の倍増という結構なお話をいただきまして深謝いたします。

断る

ビジネスでは、すべてを引き受けることは不可能です。スケジュールや業務の優先順位などを考えながら、難しい場合は言葉を選んだ上ではっきりと断りましょう。

フォーマル度 ★★★

もったいないことです。

解説 お願いされたことに感謝の意を示しつつも、それでもなお断る際に使います。

例文 経営セミナーへのお誘い、私にはもったいないことです。ただ、その日はアポイントメントがすでに入っておりまして…。

フォーマル度 ★★★

あいにく〜

解説 気持ちは前向きなものの、外せない用事がある場合の断りフレーズです。

例文 G社への営業同行の件ですが、どうしてもその日だけは、あいにくほかのお客様との先約がありまして…。

フォーマル度 ★☆☆

また誘ってください。

解説 公式行事以外の飲み会などの誘いを断る場合に用います。今回は行けないけれど、次回はご一緒したい旨を伝えます。

例文 今日の交流会は仕事が立て込んでいて行けないけれど、また誘ってよ。

フォーマル度 ★★☆

○○でよろしければ～

解説 現状は難しいが、時間などをもらえれば可能な場合の返答の仕方です。

例文 今は急ぎのお客様の用件に対応しておりますので、明日でよろしければ承ります。

フォーマル度 ★★★

分《ぶん》不《ふ》相《そう》応《おう》かと存じます。

解説 どんなにがんばっても自分の能力では難しいと感じる依頼を受けた時の断り方です。

例文 外注先の選定は、入社して間もない私には、分不相応かと存じます。

社外

11

断る

お客様から無理なお願いをされたり、必要のない営業を受けたりと、断らざるを得ないケースは意外と多いもの。無用なトラブルを招かない断り方をしましょう。

フォーマル度 ★★★

▼申し訳ございません。

解説 要望に応えることがどうしても難しい時は、まずは素直にお詫びをしましょう。その後、理由を述べます。

例文 申し訳ございません。運送の都合でその期日に納品することは厳しい状況です。

フォーマル度 ★★★

▼お引き受けすることが難しい状況です。

解説 避けられない事情のために断らざるを得ず、残念さを伝えるフレーズです。

例文 せっかくのご依頼をいただきましたのに今回はどうしても都合がつかず、心苦しいのですが、お引き受けすることが難しい状況です。

フォーマル度 ★★☆

▼ご遠慮願います。

解説 相手に対して行動や言葉を控えてほしいという意味で使いながら、はっきりと断りたい時に使います。

例文 長年お取引のある会社がございますので、営業のご訪問はご遠慮願えますでしょうか。

フォーマル度 ★★☆

▼今回は見送らせていただきます。

解説 取引先からの提案などについて、返事を急かされている場合や、はっきりと断りたい場合に使用します。

例文 社内で検討させていただきましたが、今回は見送らせていただきます。

フォーマル度 ★★★

▼お気持ちだけありがたく頂戴します。

解説 気持ち以上のことは遠慮したいことを伝えるフレーズです。すべてを受け入れられず申し訳ないという印象を与えられます。

例文 お品はいただけませんので、お気持ちだけありがたく頂戴します。

社内 12

確認する

仕事においては確認を怠ると、トラブルの元となります。常に何のための確認であるのかを意識しながら問いかけることが重要です。

フォーマル度 ★★★

▼1つだけ確認したいのですが〜

解説 質問を1つに絞ることで、相手の意識を集中させ、明確な答えを得ることができます。

例文 1つだけ確認したいのですが、マイナス金利の影響はどの程度ありますか。

フォーマル度 ★★★

▼○○で、よろしいでしょうか。

解説 こちらで一方的に決めるスタンスではなく、失礼のないように相手に確認を求める姿勢を示すフレーズです。

例文 新しい受注システムの企画案は明日までに提出ということで、いいかな。

フォーマル度 ★★☆

▼○○はご存じでしょうか。

解説 相手がすでに知っているのかどうかを確認する際に使えるフレーズです。自分が伝えたい内容に意識を集中させることも可能です。

例文 私も聞いたばかりなのですが、K社の倒産はご存じでしょうか。

フォーマル度 ★★☆

▼念のため確認します。

解説 「念のため」と強調することで相手の注意を喚起します。相手にクギを刺す意味で使うこともあります。

例文 納品日と納品数について、念のため確認しますが…。

フォーマル度 ★★★

▼いかがなりましたでしょうか。

解説 「どうなったのか」と現状について相手に確認をお願いしたい時のスマートな表現です。

例文 新規事業立ち上げの資料をご覧いただく件ですが、いかがなりましたでしょうか。

社外

12

確認する

確認は、こちらだけのためでなく、相手のためでもあります。改めて考えるきっかけになったり、トラブルを防止したりします。

フォーマル度 ★★★

▼つまり、こういうことでしょうか。

解説 これまでの話を要約して伝えます。ちゃんとこちらが聞いていることを伝えつつ、確認することができます。

例文 つまり、こういうことでしょうか。御社が考えられている次の展開は…。

フォーマル度 ★★★

▼ご協力できることがございましたら～

解説 催促まではいかないまでも、相手の進捗状況を遠回しに確認したい時に使えるフレーズです。

例文 現状でご協力できることがございましたら、何なりとお申しつけください。

フォーマル度 ★★☆

○○で間違いないでしょうか。

解説

口頭でのやりとりなど、お互いの確認にズレがないかを確かめる時の定番フレーズです。復唱する際にも使えます。

例文

念のためお聞きしますが、ご注文品の納品日は12月24日で間違いないでしょうか？

フォーマル度 ★★★

お含みおきください。

解説

「含みおく」は理解しておいてほしいとの意味で、相手に念を押す時に使います。目上の人には「ご承知おき」よりも「お含みおき」の方が丁寧です。

例文

ご宿泊の予約期限は15日までとなります。あらかじめお含みおきください。

フォーマル度 ★★★

ご照会申し上げます。

解説

「照会」とは、問い合わせて確かめることで、ビジネス文書で使います。疑問・不明点や回答期限を明確にして、相手から回答を得るフレーズです。

例文

先月発売の新型4Kテレビの在庫状況につきまして、ご照会申し上げます。

喜びを伝える

喜び、うれしさの感情は、素直に表しましょう。そうすれば、言われた相手もあなたと同じようにうれしくなるものです。

フォーマル度 ★★★

▼このうれしさを励みにがんばります。

解説 喜びの気持ちを伝え、さらに前進する決意を込めたフレーズです。

例文 皆さんのおかげでお客様からお礼の連絡が入りました。このうれしさを励みにがんばりましょう。

フォーマル度 ★★★

▼面《おも》映《は》ゆい気持ちです。

解説 褒められすぎて少し照れくさい、きまりが悪い、と感じた際に使う大人のフレーズです。うれしさを謙虚に受け止めているイメージです。

例文 そこまでおっしゃっていただけるとは、何だか面映ゆい気持ちです。

フォーマル度 ★★★

平静を保つのが難しいくらいうれしいです。

解説 うれしすぎて普通ではいられない、という気持ちを表す変化球のフレーズです。喜びと興奮を強調したい時に使いましょう。

例文 営業成績で表彰されるなんて、平静を保つのが難しいくらいうれしいです。

フォーマル度 ★★★

過分なお取り計らい、感謝します。

解説 上司などに特別に配慮してもらった際に使います。「過分」は身分不相応なことで、それほどのことをしてもらい恐縮しつつ、喜びの気持ちを伝えます。

例文 先ほど、岩永社長から私の結婚祝いとして過分なお志を頂戴しました。

フォーマル度 ★★★

恐《きょう》悦《えつ》至《し》極《ごく》に存じます。

解説 「恐悦至極」とは、この上なくうれしいという意味です。相手に敬意を込めて感謝の意を伝えるフレーズです。

例文 私の実績を認めていただき、昇進の辞令を頂戴しました。恐悦至極に存じます。

社外
13

喜びを伝える

感謝の気持ちは言葉で伝えましょう。社外の人間が相手でも、喜びを分かち合うことで、よりよい人間関係を構築できます。

フォーマル度 ★★★

▼夢見心地です。

解説 すばらしい体験をした時などに、その感激を「夢を見ているようだ」と表現します。弾む気持ちを相手と共有していきましょう。

例文 三浦さんとプロジェクトでご一緒できるなんて、夢見心地です。

フォーマル度 ★★★

▼天にも昇る気持ちです。

解説 悲願を達成した時、願いが受け入れられたシチュエーションで感激する気持ちを強調するために使います。

例文 共同事業に参画いただきまして、ありがとうございます。天にも昇る気持ちです。

フォーマル度 ★★☆

▼うれしさのあまり、我を忘れてしまいました。

解説 「通常よりもはるかにうれしい」「普通の心持ちではいられない」という状況を表す言葉です。

例文 クライアントをご紹介くださり、うれしさのあまり、我を忘れてしまいました。

フォーマル度 ★★★

▼快哉《かいさい》を叫びました。

解説 うれしい出来事に対して、歓声の声をあげること。実際に歓声をあげなくても、喜びの気持ちが十分に伝わります。

例文 中山さんがまたご担当に復帰されたとのこと、思わず快哉を叫びました。

フォーマル度 ★★★

▼天の配剤としか言いようがありません。

解説 喜ばしい出来事に対して「もはや人知を超えている」と評するフレーズです。うれしい出来事以外にも使えます。

例文 マスコミに大々的に取り上げられたのは天の配剤としか言いようがありません。

COLUMN

品のいい言葉づかいをしよう

いくら見た目に「品」があったとしても、発する言葉が綺麗でなければ台無しです。言葉づかいだけで人となりを判断することはできませんが、こと「品」のよさを推し量ることに関しては、重要な要素の1つになります。

逆に言うと、品のいい言葉を使うことで、上品さを演出できますから、ぜひ実行してみてください。

品のいい言葉に変換する

品のいい言葉づかいをするには、いくつかの方法があります。まず代表的なのは、正しい敬語を使うことです。さらに、よりよい敬語の言い回しをサラリと使うことも挙げられます。

×すみません→○申し訳ございません（失礼いたします、恐れ入ります）

×取りに行きます→○いただきにまいります（頂戴しにまいります）

×答えられません→○お答えしかねます

×ありがとうございます→○お言葉（ご厚意・お心遣い）に甘えて

×できない→○お引き受けいたしかねます

フレーズの順番を入れ替えるだけでも、聞き手の印象は変わります。

×いい感じですね→○感じがいいですね

×性能はいいけれど、重くて持ち歩くのが大変です→○重くて持ち歩くのが大変ですけれど、性能はいいです

単語に「お」や「ご」をつけることで丁寧にすることもできます。特に「お」は女性的でやわらかい印象なので、男性にもおすすめです。

×花→○お花

×トイレ→○お手洗い

×腹→○お腹

×衣服→○お召し物

品のある知的な言い回し

言い回しを知的なフレーズにすることで、品性を印象づけることもできます。古きよき日本語の言い回し、と表現することもできますが、これらはインプットしておかないと、とっさには出ない言葉ですから、ぜひ覚えて使ってみましょう。

○愁眉《しゅうび》を開く

「愁眉」とは眉をしかめる心配な顔つきのこと。これに「開く」の字句をつけることで心配がなくなる

様を意味します。

○お気を悪くなさらないでください

言いにくいことを伝える際に、クッション言葉として使えます。

○**末席を汚す**

目上の人が多い集まりに参加する際に、自分が最下位の者であるとへりくだった表現です。

○**かりそめにも**

「仮にも」の意味です。「かりそめにも法を犯してはならない」「かりそめにも逆らう者があれば罰せられる」などのように使います。

このほかにも、品性と親近感を合わせて持つ言い回しがあります。

○**どうぞお気をつけてお帰りくださいませ**

○**またお目にかかれますことを楽しみにしております**

○**お懐かしゅうございます**

言葉だけでなく、内面の品性を

当然のことながら、いくら丁寧な言葉を使っていても、その背景に相手への気遣いがなければ、不快にさせてしまうでしょう。

自分の身のほどを知り、礼儀と場所柄をわきまえる。何より相手への、周りの人への感謝を忘れない。品性を感じさせるには、何よりも自分の心持ちが大切なのです。

PART

05

問い合わせの言葉

言いづらいことをスムーズに伝える

仕事では、ミスを指摘したり、抗議したりと、言いづらいことを口にしなければならないシーンがあります。ともすると信頼関係が崩れかねない場面で、相手の心証を害さず、スムーズに業務を進められる言葉を紹介します。

社内
14

指摘する

上司や先輩はもちろん、同僚に間違いなどを指摘する時は気後れしがちです。デリケートなことなので、相手を不快にさせない言葉と敬う態度が求められます。

フォーマル度 ★★★

▼○○をするともっとよくなると思います。

解説 あくまでも相手を否定せず、「こうすればよくなる」という方向からやんわりと指摘するフレーズです。

例文 現状でもよいけれど、言葉づかいを変えるともっとよくなるんじゃないかな。

フォーマル度 ★★★

▼私の勘違いかもしれないのですが～

解説 自分が間違っているかもしれないという可能性を提示することで、相手を非難するニュアンスが抑えられます。

例文 私の勘違いかもしれないのですが、時期尚早だったのではないでしょうか。

フォーマル度 ★★★

さらに十分な検討が必要ではないでしょうか。

解説 性急な判断によって結論を出してしまう前に相手に冷静さを求めて、細かい問題点に気づいてもらうためのフレーズです。

例文 書名に関しては、さらに十分な検討が必要ではないでしょうか。

フォーマル度 ★★☆

○○という意見もあるようです。

解説 「参考までに」というスタンスから第三者の考えを持ち出すことによって、相手に再考を促すことができます。

例文 社内には反対という意見もあるようですが、いかがでしょうか。

フォーマル度 ★★☆

老婆心ながら言わせてもらうけれど〜

解説 「心配しすぎかもしれないけれど」というニュアンスを出しつつ、相手に助言する時に使います。老婆心といっても、男性でも使えるフレーズです。

例文 老婆心ながら言わせてもらうけれど、営業2課に協力願うのは難しい状況だよ。

社外
14

指摘する

顧客の非を指摘するのは非常に勇気が必要です。それでもその指摘が双方のビジネスにメリットをもたらす場合には、言葉を選んで伝えましょう。

フォーマル度 ★★★

▼お気持ちは理解できますが～

解説 相手の考えをいったん受け止めることで、相手を否定するというニュアンスを最小限に弱めるテクニックです。

例文 お気持ちは理解できますが、今からの会場確保は難しい状況でございます。

フォーマル度 ★★★

▼大変申し上げにくいのですが～

解説 相手側とは異なる主張を伝える前に添えるクッションフレーズです。

例文 大変申し上げにくいのですが、私どもとしましては、事前に契約書でお示ししている事項でございまして…。

フォーマル度 ★★★

当日の記録では○○となっておりますが～

解説 相手が以前合意した内容とは異なることを主張した時などに指摘するフレーズです。メモやメールの履歴を提示する必要があります。

例文 当日の記録では「承知」となっておりますが、その辺りはいかがでしょうか。

フォーマル度 ★★★

強いてつけ加えるなら、○○はいかがでしょうか。

解説 相手のアイデアや意見に対して、最初に「すばらしいですね」などと評価した上で、別の角度からの指摘を行います。

例文 すばらしいですね。強いてつけ加えるなら、色を濃くしてはいかがでしょうか。

フォーマル度 ★★★

前回のお話とは違うようですので～

解説 聞いていた話とは違う、約束とは違うというケースで使うフレーズです。

例文 いただいた資料の数字が前回のお話とは違うようですので、ご確認いただけますか。

社内 15

抗議する

お客様のため、自社の売上のためなど、時には社の方針や上司に抗議することもあるでしょう。相手を否定するのではなく、業務改善という姿勢を忘れずに。

フォーマル度 ★☆☆

▼納得しかねます。

解説 感情的にならずに、冷静な態度で抗議するフレーズです。改めて相手の言い分を聞きたい、話し合いたいという姿勢で使いましょう。

例文 この結果には納得しかねます。すべてが却下なのでしょうか。

フォーマル度 ★☆☆

▼合意した内容とは異なるようですが～

解説 会議や計画で決定した内容とは異なっているという事実を指摘することで、抗議の意を示します。

例文 合意した内容とは異なるようですが、その理由を教えていただけますか。

フォーマル度 ★☆☆

何らかの対応が必要かと思います。

解説 現状に抗議し、改善を強く求める時に使います。

例文 実際に多くのクレームが入っています。何らかの対応が必要かと思いますが、いかがでしょうか。

フォーマル度 ★★☆

早急にご判断いただきたいのですが。

解説 迅速な対応によって問題点を解決してほしいと訴える場合などに使います。

例文 社としての誠実な対応が今、問われています。今後の対応について、早急にご判断いただきたいのですが。

フォーマル度 ★★★

承服いたしかねます。

解説 冷静さを保ちつつも、こちらの意見を強く、明確に伝える際に使いたいフレーズです。

例文 一言だけよろしいでしょうか。今のご発言の内容は、承服いたしかねます。

社外 15

抗議する

社外に対して抗議するには、明確な根拠が必要です。デメリットも十分踏まえた上で、信頼関係を築くという目的をくれぐれも忘れないようにしましょう。

フォーマル度 ★★★

▼何かの手違いかとも思われますが〜

解説 相手の事情を思いやりながら抗議できるクッションフレーズです。

例文 何かの手違いかとも思われますが、期日を過ぎてもいまだ納品がされておりません。

フォーマル度 ★★★

▼支障を来《きた》しております。

解説 損失の事実を相手に確実に認識してもらう時に使います。強い抗議の印象を相手に与えます。

例文 業務に支障を来しております。すぐにご対応をお願いできますでしょうか。

フォーマル度 ★★★

▼当社の信用にも関わる事態ですので～

解説 事の重大さを相手に認識してもらうための強い抗議のフレーズです。相手の迅速、適切な対応を促します。

例文 当社の信用にも関わる事態ですので、誠意ある対応をお願いいたします。

フォーマル度 ★★★

▼今後の対応を伺いたく存じます。

解説 相手のミスなどでトラブルが起きた際、誠実な対応を求めるフレーズです。抗議をしつつ、その後、同じミスを繰り返さない仕組みづくりを要求します。

例文 今回の件を踏まえ、納品方法について、今後の対応を伺いたく存じます。

フォーマル度 ★★★

▼甚《はなは》だ遺《い》憾《かん》に存じます。

解説 相手に非があることを冷静かつ明確に伝え、しかるべき対応を求めます。

例文 このたびの貴社の対応は甚だ遺憾に存じます。至急ご調査の上、しかるべき措置をおとりくださいますようお願い申し上げます。

社内

16

催促する

催促は、仕事をスムーズに進めるためであることを第一に考えてしましょう。チームワークの基礎となるのは、社員一人ひとりのコミュニケーションです。

フォーマル度 ★★★

▼お客様との約束がありますので〜

解説 急ぐ理由を伝えることで、相手は納得感を得られます。特にお客様が求めているという事実を示すと、早急な対応が期待できます。

例文 お客様と約束があるので、明日までにパンフレットを揃えてもらえますか。

フォーマル度 ★★★

▼至急○○してもらえますか。

解説 物事をお願いする場合には、疑問形の言葉づかいにする方が角が立ちません。難しい依頼ほど、やわらかく伝えるように心がけましょう。

例文 島田先輩、至急、携帯電話にご連絡いただけますか。

フォーマル度 ★☆☆

○○まで進みましたか？

解説 相手の進捗状況を確認しつつ、適度にプレッシャーを与えられるフレーズです。具体的な目安となる指標を示すことで、明確な答えが返ってきます。

例文 依頼したデータ解析だけど、半分くらいまで進んだかな？

フォーマル度 ★★☆

○○さんが気を揉《も》んでいました。

解説 上司や尊敬する人など、相手にとって重要な人物を持ち出すことによって、「早く対応しなければ」という意識を高めることができます。

例文 昨日お願いした仕事の件、課長が気を揉んでいたよ。

フォーマル度 ★★☆

急《せ》かすようで申し訳ございません。

解説 早めの対応を促しつつ、お詫びの言葉でへりくだるフレーズです。

例文 急かすようで申し訳ございませんが、企画書の返事を16時までに先方にしなければなりません。早めにご覧いただいてもよろしいでしょうか。

社外
16

催促する

ビジネスでは相手の返事をただ待っているだけでは、次のステップに進めないこともあります。適切なタイミングで状況を確認しつつ、催促しましょう。

フォーマル度 ★★★

○日までにご返事をいただけますか。

解説 へりくだりつつ、相手に催促するフレーズです。ビジネスでは期限が大切です。日時をしっかり伝えましょう。

例文 お見積もりの件ですが、できれば今月の25日までにご返事をいただけますか。

フォーマル度 ★★★

その後の状況はいかがでしょうか。

解説 直接的に対応を要求するのではなく、間接的に尋ねる手法です。相手とのコンタクトが空いてしまった時などにも使えます。

例文 お約束の予定が過ぎておりますが、その後の状況はいかがでしょうか。

フォーマル度 ★★☆

お手すきの折にも、ご一報いただけますでしょうか。

解説 相手のタイミングで回答してもらうように伝え、とげのないやわらかな印象を演出します。

例文 先日の件ですが、お手すきの折にも、ご一報いただけますでしょうか。

フォーマル度 ★★★

いかがされたかと案じております。

解説 相手の非を直接責めるのではなく、心配するようなニュアンスが伝わるため、必要以上に角が立ちません。

例文 前回お話しした件について、その後、いかがされたかと案じております。

フォーマル度 ★★★

催促するようで大変恐縮ですが～

解説 ほかでもない催促をしたい状況で、あえて「催促するようで」と表現します。謙遜する姿勢を示しつつ、迅速な対応を促します。

例文 催促するようで大変恐縮ですが、明日までにご回答いただけますでしょうか。

社内 17

反論する

いつも「YES」だけを言っている人は扱いやすいと思われるものの、いい人材とは思われません。必要な時にスマートに反論できるスキルを磨きましょう。

先輩に

フォーマル度 ★★★

▼それはわかりますが〜

解説 相手の言い分を理解しつつ、こちらにも言い分があるという場合に使います。

例文 それはわかりますが、問題の本質は生産ラインのレイアウトが改善されていないことではないでしょうか。

上司に

フォーマル度 ★★★

▼お言葉を返すようですが〜

解説 相手の意見を認めた上で、反論するニュアンスが生まれます。

例文 お言葉を返すようですが、コストが重要ということでしたら、こちらの案の方が優れていると思います。いかがでしょうか。

フォーマル度 ★★☆

基本的には賛成ですが～

解説 相手の意見について大筋で認めつつも、どうしても譲れない点について反論する時のフレーズです。

例文 基本的には賛成ですが、新しい販売方法については私にも腹案があります。

フォーマル度 ★★☆

私が言うのもおこがましいのですが～

解説 相手に反論するのは大それたことであり、身の程知らずであるというメッセージが伝わる謙遜の言葉です。使う際は嫌みにならないよう注意しましょう。

例文 私が言うのもおこがましいのですが、それについては見解が異なります。

フォーマル度 ★★★

僭越《せんえつ》ながら～

解説 上の立場の人に向けて自分の明確な意見を表明する際、冒頭に使うクッション言葉です。

例文 僭越ながら、私の意見を述べさせていただきます。

社外

17

反論する

仕事では、双方の利益のため、言いにくくてもはっきりさせるべきことがあります。決して感情的な言い合いにならないように、言葉づかいを意識しましょう。

フォーマル度 ★★★

▼そうとは限らないように思います。

解説 相手の意見が絶対ではなく、別の意見もあり得るという事実を提示する時に使えるフレーズです。

例文 すべてがそうとは限らないように思います。例えば、他社のケースでは…。

フォーマル度 ★★★

▼ごもっともですが～

解説 相手の意見に理解を示しつつ、こちらの正しさも伝えるフレーズです。

例文 ご指摘の点はごもっともですが、しかし私どもでは今回の件を想定しておりませんでしたので、一度持ち帰って検証が必要かと思います。

フォーマル度 ★★★

○○が筋ではないかと存じます。

解説 ここで言う「筋」とは道理のことを意味します。強い調子のフレーズなので、使うシチュエーションにはくれぐれも注意しましょう。

例文 ロス分の費用は、御社でご対応いただくのが筋ではないかと存じます。

フォーマル度 ★★☆

一言だけ申し上げますが～

解説 おおむね同意する意思表示を行いながらも、論点を絞って反論します。

例文 一言だけ申し上げますが、納品日については延期を交渉してみるという意見もあろうかと存じます。

フォーマル度 ★★★

ご無礼を承知で申し上げます。

解説 丁寧でありながら、あえて相手に反論する姿勢を明確にした上で発言する時の言葉づかいです。

例文 ご無礼を承知で申し上げますが、設計変更は弊社としましても同意しかねます。

社内 18

問題点やニーズを探る

問題点やニーズを一人で探るには限界があります。周りの人に意見を求め、自分とは違う視点で探すことで、より効率的に答えを求められます。

フォーマル度 ★★★

▼他社ではどうでしょうか。

解説 問題解決が行き詰まった際に、他社や他業界に目を向けることで、視野が広がります。比較によって自社の強みや弱みの確認を促します。

例文 他社ではどうでしょうか。差別化のヒントがあるかもしれませんよ。

フォーマル度 ★★★

▼いったん度外視して考えてみませんか。

解説 解決策やアイデアを出すにあたり、制約が多すぎると新しい発想は生まれません。柔軟に発想を生み出すためのフレーズです。

例文 新製品の開発に向けて、コスト面はいったん度外視して考えよう。

フォーマル度 ★☆☆

前提条件を見直しませんか。

解説 意見が食い違い、手詰まりな状態に陥った際に使えるフレーズです。原点に戻って見つめ直すことで、問題点を洗い出しましょう。

例文 このままでは結論は出ないので、前提条件を見直そう。

フォーマル度 ★★☆

齟齬《そご》がないようにしたいので～

解説 意見や認識の食い違いの有無を確認する際に使えるフレーズです。いつ、何が、どこで違ってしまったのかを探ります。

例文 齟齬がないようにしたいので、もう一度みんなで全体を確認しよう。

フォーマル度 ★★★

懸念されるのはどの辺りでしょうか。

解説 上司に対して気がかりな点、ネックとなる点を尋ねるシチュエーションで用います。

例文 このプランを選択した場合、懸念されるのはどの辺りでしょうか。

社外
18

問題点やニーズを探る

お客様の問題点やニーズを探るには、直接聞いてみるのが何よりの早道です。対話を深める過程で情報が整理されていきます。

フォーマル度 ★★★

▼どのような点が気になりますでしょうか。

解説 相手の心配事を引き出すフレーズです。先回りして想定される問題点を解決することで、不安を解消できます。

例文 この商品の場合ですと、どのような点が気になりますでしょうか。

フォーマル度 ★★★

▼一番こだわっている点は何でしょうか。

解説 お客様が何を一番に優先させたいのかを探るフレーズです。絶対に外せないニーズをつかむことで、対応や交渉がしやすくなります。

例文 今回、新車に買い換えるにあたり、一番こだわっている点は何でしょうか。

フォーマル度 ★★★

手応えを感じていただけましたでしょうか。

解説 実際に使ってもらった感想を聞くことで、自社にとっての新たな気づきや、相手に新たな提案をするためのヒントを得られるでしょう。

例文 新製品の操作性に手応えを感じていただけましたでしょうか。

フォーマル度 ★★★

ほかのお客様の場合ですと～

解説 どのお客様も他社の事例に大きな関心があるものです。他社の成功事例や失敗事例を引き合いに出しながら、ニーズを突き詰めていく時のフレーズです。

例文 ほかのお客様の場合ですと、省スペース型の方をお選びいただいております。

フォーマル度 ★★★

何なりとお申しつけください。

解説 相手に気軽に要望を出してほしいとへりくだって伝えるフレーズです。自由な意見を引き出し、隠れていたニーズを取り込みます。

例文 当社の新型パソコンについて疑問点やご希望を何なりとお申しつけください。

COLUMN

知っておきたい「お」と「ご」の使い方

前回のコラムでも少し触れましたが、語の頭に「お」や「ご」をつけると、丁寧な言い回しになります。ただし、あらゆる言葉につけていい、というわけではありません。そこには、しっかりとしたルールがあります。

まずは、ざっくりとした使い分けのルールからご紹介しましょう。

「お」と「ご」をつける言葉とは

「お」や「ご」をつけることができるのは、基本的に相手に関する名詞や形容詞、形容動詞です。「ご飯」「おしぼり」「ごちそう」など、「お」や「ご」がないと意味が通じないものもつけます。

自分の動作や持ち物などにはつけないので注意しましょう。また、固有名詞やカタカナの外来語、動植物、マイナスの意味を持つ言葉にもつけません。

具体的に、「お」か「ご」をつける単語は次のようなものです。

①相手の物事を表すもの（例：お仕事・お荷物）
②真に尊敬の意を表すもの（例：お話・ご意見）
③慣用化しているもの（例：おはよう）
④省いても通じるもの（例：お菓子・お米）

一方で、「お」「ご」をつけられないのは、次のような単語です。

①外来語（例：おコーヒー）
②習慣にないもの（例：お会社・お学校・お卵・

お鉛筆）

③「お」「ご」で始まる言葉（例：お落とし物・ごゴマ）

④よい意味でないもの（例：お泥棒・お横領・お脳梗塞）

⑤「あ」で始まるもの（例：お朝日・お雨）

⑥動植物や自然現象（例：お犬・お台風）

⑦長くてつけにくいもの（例：おさつまいも）

「お」と「ご」の使い分け

「お」は基本的に「訓読み」（和語）の言葉につけます。「お受取り」「お詫び」「お願い」「お忙しい」「お見送り」など、やわらかく、親しみある印象を与えます。

一方、「ご」は基本的に「音読み」（漢語）の言葉につけます。改まった印象を与える働きがあります。「ご案内」「ご理解」「ご連絡」「ご承知」「ご対応」「ご報告」「ご出発」「ご意見」「ご説明」などです。

ただし、「お」と「ご」の使い分けには、例外もあります。「お時間」「お電話」「お天気」「お食事」「お散歩」「おタバコ」は、「ご」ではなく「お」がつきます。

「ごゆっくり」は、原則でいえば「お」ですが、「ご」がつきますよね。

「お」もしくは「ご」＋「〜になる」

「お」「ご」＋「〜になる」という表現は、会話中によく使われます。取引先、目上の人と会うビジネスシーンにおいて、より丁寧な敬語表現です。

×聞く→○お聞きになる

×見る→○ご覧になる

×話す→○お話になる

×利用する→○ご利用になる

×帰る→○お帰りになる

×来る→○お越しになる

×機嫌はどうですか→○ご機嫌いかがですか

×気をつけて→○お気をつけてください

謙譲語でも使える「お」と「ご」

敬語の「お」と「ご」は本来、相手の動作や所有するものに対する尊敬語としての使い方が一般的です。しかし、自分の動作をへりくだる形で相手を立てる謙譲語でも使われます。

×説明します→○ご説明します
×回答します→○ご回答します
×電話します→○お電話します
×願いがあります→○お願いがあります
×礼をします→○お礼を申し上げます

相手と場面に合わせて使い分ける

「お菓子」「お飲み物」「おそば」「お米」「お魚」「お酒」「お肉」「お豆腐」「お野菜」「お皿」「お花」「ご注意」「ご用件」「ご注意」「ご休憩」「お綺麗」「お美しい」などは、「お」や「ご」をつけてもいいし、省いてもいい単語です。

つけると丁寧で上品なイメージになりますが、相手や場面によっては、過剰な印象を与えることもあるかもしれません。

会話や文章の中で、つける、省く、を判断して使い分けしましょう。

PART

06

お願いの言葉

互いに気持ちよく仕事をする

人に仕事を依頼する、交渉する際などにも、言葉づかいに気を配る必要があります。相手が気持ちよく引き受けてくれる、また耳を貸してくれる言葉で、丁寧にお願いしましょう。

依頼する

仕事の分担など、社内で何かを依頼する場面は多々あります。相手に気持ちよく協力してもらうために、適切な表現を覚えておきましょう。

フォーマル度 ★★★

▼お願いできないでしょうか。

解説 疑問形で依頼することで、「お願いします」よりも丁寧な印象を与えます。

例文 この案件の書類整理のD項目以降をお願いできないかな。

フォーマル度 ★★★

▼可能であれば～

解説 「可能であれば」「できれば」「差し支えなければ」などの言葉を添えると、相手の都合を考慮していることが伝わります。

例文 可能であれば、すぐに契約手続きをお願いしたいのですが。

フォーマル度 ★★☆

○○していただけると助かります。

解説 先輩や同僚などに感謝の気持ちを込めてお願いする際のフレーズです。

例文 それでしたら、こちらを少し手伝っていただけると助かります。

フォーマル度 ★★☆

○○さんなら安心してお願いできるので～

解説 部下に仕事を依頼する際には、なぜその人を抜擢したのか、理由を伝えることでモチベーションを刺激することができます。

例文 渡辺くんなら安心してお願いできるので、この件を担当してもらえますか。

フォーマル度 ★★★

無理を申し上げて恐縮ですが～

解説 上司に依頼する時は、言葉に「無理を承知でお願いしている」「やむを得ない状況でお願いしている」というニュアンスを込めます。

例文 無理を申し上げて恐縮ですが、B社への同行をお願いできないでしょうか。

社外 19

依頼する

社外の人に依頼する場合には、より丁寧な言葉づかいと態度を心がけます。クッション言葉を使うなどして、やわらかい表現にしましょう。

フォーマル度 ★★★

▼もし差《さ》し支《つか》えなければ、お願いします。

解説 相手の事情に配慮しながら、こちらの希望も暗に伝えられるフレーズです。相手にできない事情があれば、代替案を用意しておきましょう。

例文 このスケジュールで、もし差し支えなければ、輸送の手配をお願いします。

フォーマル度 ★★★

▼誠に厚かましいお願いなのですが～

解説 難しい用件をお願いしたい時に使うクッション言葉です。無理を承知というニュアンスなので、相手の気持ちを察しながら伝えましょう。

例文 誠に厚かましいお願いなのですが、ぜひともご協力いただきたいのです。

フォーマル度 ★★★

▼不《ぶ》躾《しつけ》なお願いで恐縮ですが～

解説 こちら側の都合でお願いする際に使います。へりくだった態度で依頼することで、聞き入れてもらえる可能性が高まります。

例文 不躾なお願いで恐縮ですが、明日の朝までにご返信いただけますでしょうか。

フォーマル度 ★★★

▼ご一考いただけますと幸いです。

解説 こちらの提案内容などについて相手に検討を求める際に使うフレーズです。

例文 お見積書をまとめました。ご要望をすべて反映しておりますので、ご一考いただけますと幸いです。

フォーマル度 ★★★

▼ご引見《いんけん》賜《たまわ》りたくお願い申し上げます。

解説 クライアントの社長など、役職者などに面会を申し込む際に使うフレーズです。「ご引見賜れば幸いです」や「お目にかかりたく」などの表現もあります。

例文 誠に恐縮ですが、取材訪問につき、ご引見賜りたくお願い申し上げます。

社内
20

相談する

相談は業務に欠かせないコミュニケーションです。適切なタイミングでスマートに切り出すのがポイントです。

フォーマル度 ★★★

▼○○さんは、どのように思いますか。

解説
相手の名前を出しながら意見を求めると、「あなたに相談したい」というメッセージが伝わりやすくなります。

例文
A社の本社移転の件だけど、本田くんは、どう思いますか。

フォーマル度 ★★★

▼5分ほどお時間よろしいでしょうか。

解説
相手の事情を考えて事前に所要時間を伝え、その上で相談の可否を尋ねましょう。

例文
お昼休みにすみません。5分ほどお時間よろしいでしょうか。

フォーマル度 ★★★

▼自分では判断がつきかねまして～

解説 相手を頼りにしているという印象が生まれます。

例文 中国の案件については自分では判断がつきかねまして、ぜひ部長のアドバイスをいただければと思います。

フォーマル度 ★★★

▼ご助言をいただきたいのですが。

解説 目上の人に相談する時のフレーズです。相手を信頼していることを印象づけることができます。

例文 宮本部長、よろしければ実績考課についてご助言をいただきたいのですが。

フォーマル度 ★★★

▼折り入ってご相談がございます。

解説 相談が解決困難な問題だったり、時間がかかりそうだったりすることを暗に伝えられます。相手は頼られたと思って、快く引き受けてくれるでしょう。

例文 異動の件で、折り入ってご相談がございます。

相談する

社外の人に相談する時は、できるだけ相手の負担感を軽減することが大切です。その上で、相手を頼りにしているというニュアンスを伝えましょう。

フォーマル度 ★★★

▼教えていただけますでしょうか。

解説 素直な相談の言葉です。テーマが広いと答えづらいので、内容を限定すると、相手も答えやすくなります。

例文 今度のコンペについて、ぜひ概要を教えていただけますでしょうか。

フォーマル度 ★★★

▼無理を承知でご相談したいのですが～

解説 難しいこと、判断がつきにくいことを無理にでもお願いしなければならない時に使うフレーズです。「身勝手なお願いですが」も使えます。

例文 無理を承知でご相談したいのですが、来期の契約条件につきまして…。

フォーマル度 ★★★

▼ぜひご教示賜りたいのですが〜

解説 単に「ご意見をいただきたい」というよりも、かしこまった印象が生まれ、相手の熱意を引き出すことができます。

例文 開発コンセプトについて、岡崎さんにぜひご教示賜りたいのですが…。

フォーマル度 ★★★

▼後学のためにお伺いしたいのですが〜

解説 相手側に相談した内容が生かされるという実感が湧きやすい言葉です。

例文 後学のためにお伺いしたいのですが、御社は人工知能事業についてどのようなご計画をお持ちでしょうか。

フォーマル度 ★★★

▼お知恵を拝借できますと幸いです。

解説 丁寧な表現であると同時に、「自分には力が足りない、相手の力がどうしてもほしい」という意図が伝わります。

例文 配送ルートについて、ぜひとも香川部長のお知恵を拝借できますと幸いです。

社内
21

交渉する

交渉は仕事はもちろん、日常のあらゆる場面で出てきます。相手の立場に理解を示しながら、こちらの要望を伝えましょう。

フォーマル度 ★★★

▼身勝手なお願いではありますが～

解説 こちらの主張を謙虚なスタンスで伝えるフレーズです。相手を立てつつ、交渉に応じてもらいたい時に使います。

例文 身勝手なお願いではありますが再度、予算化をご検討いただけますでしょうか。

フォーマル度 ★★★

▼譲れない点なのですが～

解説 交渉においてこだわっている点を明確にする際のフレーズです。本気度を伝え、相手の譲歩を求めます。

例文 確かにコストは上がります。ただ、この工程だけは譲れない点なのですが…。

フォーマル度 ★☆☆

▼クオリティを上げたいので〜

解説 期限延長の交渉などは、品質を理由にすると相手も納得しやすくなります。「最新情報を反映したいので」なども使えます。

例文 クオリティを上げたいので、少し期限に余裕をいただけると助かります。

フォーマル度 ★★☆

▼代わりに○○というのはいかがですか。

解説 一方的に自説を提示するのではなく、代替案を提示することによって、交渉がスムーズに運びやすくなります。

例文 来期の採用計画だけど、正社員の代わりに派遣社員を採用するというのはどうかな。

フォーマル度 ★★★

▼ご再考をお願いできませんでしょうか。

解説 いったん決定した事項について、もう一度検討の余地を見つけてもらいたい時のフレーズです。低姿勢が印象づけられます。

例文 新宿の開発案件について、ご再考をお願いできませんでしょうか。

社外
21

交渉する

交渉をまとめるには高度なコミュニケーションが求められます。その反面、ちょっとした言葉づかいの差が大きく結果を左右することを忘れないようにしましょう。

フォーマル度 ★★★

▼○○していただくことは可能でしょうか。

解説 相手の協力や譲歩を引き出すための交渉フレーズです。

例文 申し訳ございませんが、期限を明日の午後まで延ばしていただくことは可能でしょうか。

フォーマル度 ★★★

▼ご考慮いただけませんでしょうか。

解説 「考慮」とは判断や行動の前に、いろいろな要素を考え合わせることです。「こちらの事情を何とか汲んでほしい」と、相手にお願いする時に使います。

例文 急遽、予定が早まりまして、前倒しの納品をご考慮いただけませんでしょうか。

フォーマル度 ★★★

どの程度まででしたら許容範囲でしょうか。

解説 完璧を目指すのが困難な場合に、相手が求める限界を推し量るためのフレーズです。

例文 返品率は、どの程度まででしたら許容範囲でしょうか。

フォーマル度 ★★★

一部だけでも〜

解説 交渉に不利な状況などで、部分的に要望を聞き入れてもらいたい時に使います。

例文 一部だけでも、工場の使用をご許可いただけると大変助かります。

フォーマル度 ★★★

ご猶予をお願いできませんでしょうか。

解説 期日を先送りしたい場合には、「打診する」姿勢で丁寧に行いましょう。

例文 先だっての災害により工場の稼働率が落ちております。お急ぎのところ大変恐れ入りますが、納期に1週間のご猶予をお願いできませんでしょうか。

フォーマル度 ★★★

▼重々お察ししますが～

解説 これ以上譲歩できない時のフレーズです。相手の気持ちを汲んだ上でやんわりと「NO」と伝えます。

例文 状況は重々お察ししますが、事前合意の上で契約を交わしておりまして…。

フォーマル度 ★★★

▼ベストではないかもしれませんが～

解説 方策などに相手が納得していない場合に、「これしかない」と後押しします。

例文 おっしゃる通り、ベストな方法ではないかもしれませんが、現状でベターな方策を選ぶとすれば、A案かと…。

フォーマル度 ★★★

▼ご高配を賜りたく～

解説 相手に配慮してほしいという敬意を込めた丁寧なフレーズで、「ご配慮」とほぼ同じ意味です。主にビジネス文書やメールの文末で使います。

例文 注文品のお届け日につきまして、ご高配を賜りたくお願い申し上げます。

フォーマル度 ★★★

これを機に○○をお願い申し上げる

解説 値段交渉や取引条件などは、事情を説明した後で丁寧にお願いします。

例文 原材料の価格高騰に加え、お取引額も1000万円以上と増加しております。できましたら、これを機にお支払条件の検討をお願い申し上げる次第です。

フォーマル度 ★★★

諸般の事情をご賢察の上〜

解説 「賢察」は「察する」の尊敬語で、事情を汲んでほしい時に使います。

例文 誠に勝手ながら、諸般の事情をご賢察の上、再度お見積もりいただけるようお願い申し上げます。

フォーマル度 ★★★

伏してお願い申し上げます。

解説 「伏して」はくれぐれもお願いしたい、と頭を下げているニュアンスを持つ表現です。懇願したいことがある際に使います。

例文 今回の価格改定につきまして、ご理解のほど伏してお願い申し上げます。

COLUMN

ピンチの場面を言葉でチャンスに変えよう

仕事をしていると、困った事態に陥ることがあります。お客様を怒らせてしまったり、迷惑なお客様に出会ったり……。ピンチの場面をチャンスに変えるのも、自分の振る舞いと言葉次第です。

ピンチの中でも、最も大きいのはお客様からのクレームではないでしょうか。お客様からクレームを受けた際には、た

とえ直接、自分の責任ではなくても、

○**ご迷惑をおかけして申し訳ございません**

と謝罪の言葉を述べるのが大切です。お客様が話をされている際に、

×**でも**

×**私ではわかりかねます**

などと話の腰を折るのはタブーです。また、クレームの原因を探る間、

△**担当者に確認いたします**

とへたに言ってしまうと、お客様は「たらい回しにされている」と感じ、さらにお叱りを受ける可能性があります。

〇早急に原因を調べてまいりますので、少々お時間をいただけますでしょうか

といった言葉の方がよいでしょう。調査の間は、適宜、現状報告を行い、原因が判明したら対応策とともに提示し、再度、謝罪します。

また、クレームはお客様からの貴重なご意見ととらえることも大切です。そのため、最後には、

〇ご意見いただきまして、ありがとうございます

〇ありがたいご指摘に感謝申し上げます

と、感謝の言葉を添えるようにします。

困ったお客様への対応策

お客様の中には、困った言動をする人もいます。例えば、団体客がお店で騒いでいるような場合に、強い口調で注意をすると、無用なトラブルを招いてしまいます。

そのため、「お客様の身を案じる」姿勢で、やわらかく対応するのが理想です。笑顔、もしくはお願い事をする際のへりくだった表情で言葉をかけましょう。

〇恐れ入りますが、少し声のトーンを落としていただけますでしょうか

〇こちらの席の方が、より楽しんでいただけるかと思いますので、こちらに移動していただけますでしょうか

〇備品が破損したりすると、お客様に弁償いただかなくてはならないものですから

値引きの要求には安易に応じない

お客様と交渉する場面では、値引きの要求を受けることもあるでしょう。その際、安易に応じてしま

うのは考えものです。とはいえ、

×**値引きには応じかねます**

などと言ってしまうと、交渉が決裂してしまう可能性があります。そのため、一度はお客様の気持ちを受け止めます。

○**確かに10万円はすぐに出せる金額ではございませんよね**

○**5万円という金額に迷われるお気持ちは承知しております**

その上で、「しかし」と続け、商品・サービスのよさについて説明しましょう。競合商品・サービスと比較して、クオリティの高さをアピールするのも方法の1つです。

お客様が価格に納得できるような説明をします。

それでも、値引きの要請があれば、

○**サイズを10センチ小さくすれば7万円でご提供できるかもしれません**

○**代わりにと言っては何ですが、配送料について弊社が負担するのはいかがでしょうか**

などと、代替案を提示しましょう。次回サービスクーポンやポイントアップ、おまけをつけるなどが代表的な代替案となります。

PART

07

礼儀作法の言葉

相手を敬う心、自分の誠意を表現する

礼儀作法はビジネスを円滑に進め、よい人間関係を保つために必要不可欠な心遣い、行動です。相手を敬う心を表現し、言葉で自分の誠意を伝えましょう。

社内

22

感謝する

感謝されて嫌な思いをする人はいません。さまざまな表現をマスターして、ささいなことでも素直な感謝の気持ちを伝えましょう。

フォーマル度 ★★★

▼気づいてもらえてうれしいです。

解説 温めていた企画書の中で、特に自分がこだわっていた点を褒められた時に、感謝と喜びを伝えるフレーズです。

例文 新作のソフトは汎用性にこだわりました。気づいてもらえてうれしいです。

フォーマル度 ★★★

▼○○さんのおかげです。

解説 上司や先輩に褒められた時、成果を出した時など、お世話になった人にお礼を述べ伝えます。

例文 今回の成約は、長友部長のご指導のおかげです。感謝しています。

フォーマル度 ★☆☆

恩に着ます。

解説
受けた恩をありがたく思う気持ちを意味します。親密な関係の人に使うフレーズですので、同僚や後輩、部下などが対象になります。

例文
佐久間の口添えでお客様の新システム導入の契約がまとまったよ。恩に着るよ。

フォーマル度 ★☆☆

○○さんにお願いしてよかったです。

解説
感謝の気持ちを伝えるだけでなく、相手の能力に対する敬意も表現できる便利なフレーズです。

例文
イラストの件、大久保くんにお願いしてよかったよ。ありがとう。

フォーマル度 ★★☆

お気遣いいただき、ありがとうございます。

解説
時間や手間をかけて何かをしてもらった時、励ましの言葉をもらった時など、相手から受けた親切心に感謝するフレーズです。

例文
専務、いつもお気遣いいただき、ありがとうございます。

感謝する

感謝の表現は多種多様です。自分から感謝を細かく表現することで、よりよい関係の構築を目指しましょう。

フォーマル度 ★★★

▼恐れ入ります。

解説 相手に対して手間を取らせてしまった場合に使えるフレーズです。相手の惜しみない協力に恐縮している気持ちを表します。

例文 事前に関係部署へ手配していただきまして、恐れ入ります。

フォーマル度 ★★★

▼ご尽力をいただきまして～

解説 相手の取り計らいに対して、感謝の気持ちを伝えるフレーズです。

例文 皆様のご尽力をいただきまして、このたび、イベントの幕を開けることができました。ありがとうございます。

フォーマル度 ★★★

お骨折りくださいまして〜

解説 協力してもらったことを感謝する際に使います。「自分のために大変助力してもらった」というニュアンスが強くなります。

例文 皆様には、私どものためにお骨折りくださり、誠にありがとうございます。

フォーマル度 ★★★

身に余る光栄です。

解説 思いがけないオファーを受けた時など、「私にはもったいない」という気持ちを伝える感謝の表現です。

例文 新工場開発プロジェクトにご指名いただき、身に余る光栄です。

フォーマル度 ★★★

誠に痛み入ります。

解説 感謝と恐縮の気持ちを合わせて伝えるためのフレーズです。丁寧で改まった言い回しです。

例文 このたびは丁寧なお手紙をいただきまして、誠に痛み入ります。

謝る

謝罪は素直に非を認めて言葉にするのが一番です。その後は気持ちを切り替え、反省点を生かして改善策をよく考えることが大切です。

フォーマル度 ★☆☆

▼私の不注意でございました。

解説 ミスをしてしまった時などに、素直に自分の非を認める時の言葉です。言い訳から始めるのではなく、まず、謝ることが大切です。

例文 今回の発注ミスは私の不注意です。申し訳ございません。

フォーマル度 ★★☆

▼深く反省しております。

解説 上司や先輩にミスを指摘された場合など、強く反省している姿勢を伝えることができます。

例文 入力ミスはご指摘いただくまで気づきませんでした。深く反省しております。

フォーマル度 ★★☆

あってはならないことでした。

解説　ケアレスミスしてしまった時などに、反省の気持ちを伝えるフレーズです。

例文　指定の書式を間違えたのは、あってはならないことでした。気の緩みが原因かと思います。早急に対処いたします。

フォーマル度 ★★★

力不足を痛感しております。

解説　失敗の原因が自分の能力や準備不足の時に使うフレーズです。

例文　結果的にお客様に新システムの利用開始をお待ちいただく形となり、自分の力不足を痛感しております。申し訳ございません。

フォーマル度 ★★★

慚愧《ざんき》の念に堪えません。

解説　慚愧の念とは、自分の過ちや見苦しさを見せてしまった場合に心に恥じ、深く反省する意味です。

例文　昨日の忘年会では、ずいぶんと酔ってしまいまして、慚愧の念に堪えません。

謝る

トラブル発生時に安易な謝罪をすると、逆に会社の信用などに悪影響を与えることもあります。謝罪は会社を代表して行うものだということを心得ておきましょう。

フォーマル度 ★★★

▼大変ご迷惑をおかけしました。

解説 相手に手間を取らせてしまった時など、多くのシーンで使う基本的なフレーズです。誠意を持って伝えましょう。

例文 いろいろと手続きが重なってしまいまして、大変ご迷惑をおかけしました。

フォーマル度 ★★★

▼お詫びの言葉もございません。

解説 こちらに全面的な非がある場合に使うフレーズです。心の底から反省して、二度と起きないようにする姿勢を示します。

例文 このような事態を招いてしまいまして、本当にお詫びの言葉もございません。

フォーマル度 ★★★

▼私どもの説明が足りず～

解説 意思の疎通がうまくいかなかった時、自分の責任と原因を明確にする表現です。相手に非がある時にも使えます。

例文 事前の私どもの説明が足りず、誤解を招いてしまいました。

フォーマル度 ★★★

▼こちらの不手際でご不便を～

解説 「不手際」とは業務の処理や結果がまずいことを意味します。内容を具体的に示しづらい時などには「不手際」と表現した方が無難です。

例文 こちらの不手際でご不便をおかけいたしまして申し訳ございません。

フォーマル度 ★★★

▼平《ひら》にご容赦《ようしゃ》くださいますよう～

解説 反省している気持ちを強く伝える表現です。「陳謝いたします」「猛省しております」などの言葉づかいも知っておきましょう。

例文 ひとえに私の不手際です。平にご容赦くださいますよう、お願いいたします。

異動・転職・退職を伝える

環境が変わる際には、礼儀正しい挨拶が欠かせません。お世話になった人、これからお世話になる人に対して、誠意ある気持ちを表します。

フォーマル度 ★★★

▼〇〇さんのようにがんばります。

解説　退職や異動時などに、お世話になった人に感謝の気持ちを伝えるだけでなく、相手に対する尊敬の念や、将来に対する前向きな気持ちを表すフレーズです。

例文　今までお世話になりました。新しい職場でも内田さんのようにがんばります。

フォーマル度 ★★★

▼これまでのご縁に感謝いたします。

解説　相手と関わった日々を振り返り、その出会いに感謝する気持ちが伝わるフレーズです。

例文　名古屋支社では大変お世話になりました。これまでのご縁に感謝いたします。

フォーマル度 ★★☆

時々はご様子をお知らせください。

解説 退職する相手などに対するフレーズです。名残り惜しい気持ちを伝えます。

例文 急に会えなくなると思うと寂しくなります。時々はご様子をお知らせください。

フォーマル度 ★★★

公私ともども格別のご厚情を賜り〜

解説 「厚情」とは親切な気持ちを意味し、相手からそれを受けたことに感謝するフレーズです。プライベートでもお世話になれば「公私」を入れます。

例文 在職中は公私ともども格別のご厚情を賜り、心からお礼申し上げます。

フォーマル度 ★★★

○○の役を仰せつかりました。

解説 ある程度、重要な役職に就任する時のフレーズです。恐れ多くも就任しました、というニュアンスがあります。

例文 このたび、営業推進本部長の役を仰せつかりました。清武と申します。

社外
24

異動・転職・退職を伝える

配属が変わる場合などは、社外の人にも挨拶してしっかりとけじめをつけることが大切です。これまでのお礼と感謝の気持ちを伝えましょう。

フォーマル度 ★★★

▼ご恩は一生忘れません。

解説 長年の付き合いに対して、心からの感謝の気持ちを伝えるフレーズです。

例文 浅野様ありがとうございました。私が九州支社に異動してきて以来、ずっとお世話になりまして、これまでのご恩は一生忘れません。

フォーマル度 ★★★

▼心機一転精進してまいります。

解説 異動や転職など環境が変われば心持ちも変わります。相手に新たな決意を示すフレーズです。

例文 大阪支店へ異動することになりました。心機一転精進してまいります。

フォーマル度 ★★☆

お礼を兼ねてご報告いたします。

解説 異動、転職、退職と、どの場面でも使える便利なフレーズです。感謝の気持ちとともに自分の今後について伝えます。

例文 このたび、異動することになりました。お礼を兼ねてご報告いたします。

フォーマル度 ★★☆

またお目にかかれることを～

解説 基本的に別れのメッセージですが、「これからも関係を継続したい」という未来志向の意思も伝わるでしょう。

例文 大変お世話になりました。またお目にかかれることを楽しみにしております。

フォーマル度 ★★★

○○様のお言葉を肝に銘じてがんばります。

解説 お世話になった人に対して、具体的にどういった影響を受けたのかを伝えることで、感謝の気持ちを色濃く表現できます。

例文 「家庭を大切に」という長谷部様のお言葉を肝に銘じてがんばります。

社内
25

贈り物に添える／受け取る

休暇後、社内の人にお土産を渡したり、逆に品物をいただいたりすることがあります。そういった時に、「これどうぞ」「いただきます」に添えたい言葉を紹介します。

フォーマル度 ★★★（1/3）

▼お口に合いますかどうか～

解説 食べ物を贈る際にこのフレーズを加えると、へりくだった態度で遠慮がちに渡すニュアンスが伝わります。

例文 よろしければ皆さんで召し上がってください。お口に合いますかどうか…。

フォーマル度 ★★★（1/3）

▼地元で評判の○○です。

解説 店や商品の評判、地元の雰囲気などを伝えると、会話のきっかけにもなります。相手も品物の価値を理解して楽しんでくれるでしょう。

例文 私の地元の北海道で評判のメロンです。どうぞ召し上がってみてください。

フォーマル度 ★☆☆

ありがたく頂戴します。

解説 勧められたものを無下に断るのは失礼です。気持ちよくお礼を述べていただきましょう。

例文 ご旅行先のハワイのお土産ですね。ありがたく頂戴します。

フォーマル度 ★☆☆

前から食べてみたかったものです。

解説 感謝の言葉に添えると、渡した側も「この品を選んでよかった」と喜んでもらえます。

例文 女性誌で話題のチーズケーキだよね。前から食べてみたかったんだよ。

フォーマル度 ★★☆

本場の味を満喫させていただきました。

解説 お土産や地元の名産品をいただいた際に、感動と感謝の気持ちを伝えるフレーズです。

例文 大変美味しかったです。本場の味を満喫させていただきました。

社外
25

贈り物に添える／受け取る

日頃の感謝の気持ちを込めたご進物、プロジェクトの節目の記念品、季節のギフトなど、社外の人へ贈り物をする、されるシーンで使える言葉です。

フォーマル度 ★★★

▼よろしかったら～

解説 「つまらないものですが」という表現は、最近は使わない方がよいとされています。具体的な商品名を伝えて贈りましょう。

例文 名古屋名物のういろうです。よろしかったら皆様でお召し上がりください。

フォーマル度 ★★★

▼心ばかりのものでございますが～

解説 贈り物をする時のへりくだった表現です。「ほんの気持ちですが」などのフレーズも覚えておきたいところです。

例文 心ばかりのものでございますが、お礼のしるしとしてお送りいたしました。

フォーマル度 ★★★

▼お納めいただければ幸いです。

解説 お祝いの品を渡す時などに使う丁寧なフレーズです。「もらってくれたらうれしい」とへりくだった印象を与えます。

例文 創立20周年の記念品でございますので、お納めいただければ幸いです。

フォーマル度 ★★★

▼センスのよい贈り物をありがとうございます。

解説 贈り物を選んだ相手のセンスに着目して褒めます。感謝の気持ちと相手への敬意が伝わるフレーズです。

例文 とらやの最中ですね。センスのよい贈り物をありがとうございます。

フォーマル度 ★★★

▼過分なご配慮をいただきありがとうございます。

解説 お祝いの品をいただいた際に、目上の人に過不足なくお礼を伝えられるフレーズです。

例文 お中元の品、過分なご配慮をいただきありがとうございます。

COLUMN

角を立てないで「NO」と言うには？

同じ内容を伝えているのに、相手を怒らせてしまう人と、そうでない人がいます。そんなつもりはないのに、言葉づかいや話の組み立ての失敗で、相手の気分を害するのはもったいない限りです。角を立てない話し方、書き方を身につけましょう。

反対意見はYES-BUT法で

拒否や反対意見を伝える際には、「YES-BUT法」を使ってみるのも1つの方法です。

・はい、その通りです。その観点は大変勉強になります。しかしながら、さらに私は次のようにも考えておりまして…

・確かにそのような意見があります。ただ、私個人の意見で恐縮なのですが…

このように、相手の主張にまず「YES」と共感しながら、続けてこちらの意見をしっかりと理由などを添えて伝えます。相手のプライドや面子を傷つけずに自分の意見を主張しやすくなり、角が立ちづらくなります。

ネガティブ情報は残存効果法で

商品やサービス説明の際などは、「残存効果法」を使うと印象がよくなります。

×高品質ですが、高価格です→○高価格ですが、高品質です

×部屋が広いのですが、駅から遠いです→○駅から遠いのですが、部屋が広いです

ネガティブな情報とポジティブな情報がある場合、先にネガティブな情報を紹介し、最後にポジティブな情報で終わります。後の言葉の方が印象に残るので、いい印象を持ちやすくなります。

角の立たないお断りフレーズ

何かを断るということは、表現の仕方次第では人間関係にヒビが入りかねないシーンです。

理屈っぽい言い回しで言い訳をすると、余計に角を立てることもありますので、このような場合には本当に残念な思い、申し訳ない思いだけを伝えます。

▽取引先などの提案を断る

- こういう時にお役に立てず本当に心苦しいです
- ご期待に添えなくて残念です
- 私も楽しみにしておりましたので、本当に残念です
- ほかのことでお力になれることがございましたら、お声がけください
- 心苦しい気持ちでいっぱいなのですが
- 大変お伝えしにくいのですが
- お断りせざるを得ない状況でございまして
- 今回は見送ることとなりました
- こちらの事情をお汲み取りください
- ちょうど時期が時期だけにございまして
- 検討を重ねたのですが
- お力になれず
- 事務的な言い方で恐縮なのですが
- なにとぞご高察賜りまして、あしからずご了承のほどお願い申し上げます

▽お誘いを断る

・どうしても変更できない予定がございまして、今度は私の方からお誘いいたします
・先約がございまして
・この後、野暮用が残っておりまして
・急な差し支えがございまして
・やむなくお断りさせていただきます
・心ならずもお断りしなければならない状況で
・よんどころない事情がございまして

▽就任や役割などを断る

・願ってもない機会ではあるのですが
・身に余るお話でございますが
・私では力不足かと思います
・ご勘弁いただきたく存じます
・諸先輩方を差し置いて、というわけには
・若輩者の私には荷が重く感じております
・お引き受けしたいのは山々なのですが

・少し難しいように思われます
・お声かけいただいたのはうれしいのですが
・ご期待に添えず残念です

PART

08

相手を気遣う言葉

讃え合い、励まし合う関係をつくる

周囲の人に喜ばしいことがあったり、不幸な出来事が起きたりした時には、言葉で相手を気遣いましょう。讃え合い、励まし合う関係ができれば理想的です。

褒める

職場ではよい仕事をした人に対しては、互いに讃え合いたいもの。褒める表現にバリエーションをつけて積極的に使っていきましょう。

フォーマル度 ★★★

▼着眼点がいいですね。

解説 結果だけではなく、プロセスにも注目していることを伝えられる褒め言葉です。具体的な点を挙げると相手の自信になります。

例文 企画書の中のお客様へのアプローチの仕方、着眼点がいいね。

フォーマル度 ★★★

▼真剣さが伝わります。

解説 仕事に真剣に取り組むのは当然のことです。ただ、あえて言葉に出して褒めると、相手は「ちゃんと見てくれている」とうれしい気持ちが高まります。

例文 1つひとつ丁寧に処理されていて、誰よりも業務に対する真剣さが伝わるよ。

フォーマル度 ★☆☆

○○さんでなければ難しかったですね。

解説 得意とする仕事でうまくいった時に言われると、自尊心をくすぐられるフレーズです。目上の人にも、目下の人にも使えます。

例文 あの議論のまとめは、宇佐美先輩でなければ難しかったですね。

フォーマル度 ★★☆

完璧ですね。

解説 相手の仕事ぶりに対して全面的に賛美するフレーズです。「お手本にしたいです」などと続けるのも効果的です。

例文 参院選の特集記事、見ましたよ。浮動票の分析が完璧ですね。

フォーマル度 ★★★

余人をもって代えがたい

解説 「ほかの人では代わりができない」という意味。それくらいすばらしいという賞賛の言葉となります。

例文 部長にはまいりました。やはり余人をもって代えがたい方ですね。

社外
26

褒める

使い慣れない言葉を無理に使おうとすると、見え透いたお世辞になってしまいます。違和感を与えないように褒め言葉をスムーズに使いこなせるようになりましょう。

フォーマル度 ★★★

▼視点が秀逸ですね。

解説 取引先の企画書を見た時やブレスト中などに使います。相手のセンスや発言を褒めるフレーズです。

例文 御社のCMのアイデア、視点が秀逸ですね。

フォーマル度 ★★★

▼どうしたらこのようにできるのですか。

解説 相手に質問の形で問いかけつつ、「自分にはこのようにできない」「できているあなたはすごい」というニュアンスを伝えます。

例文 驚きました。どうしたらこのような提案書をお一人で作れるのですか。

フォーマル度 ★★★

格の違いを思い知らされました。

解説 この「格」は役職や年齢でなく、才能、スキル、人間性やバイタリティーを意味します。相手の本質的な部分を褒めるフレーズです。

例文 榊部長が先のM社合併の立役者だそうで、格の違いを思い知らされました。

フォーマル度 ★★★

経験の深さが違いますね。

解説 相手の仕事に対する敬意を伝えるフレーズです。一定のキャリアのある相手に対して使います。

例文 川島さん、このプログラムはさすがです。経験の深さが違いますね。

フォーマル度 ★★★

さすがその道のプロ

解説 相手の仕事ぶりが予想以上にすばらしかった時に使うフレーズです。「さすがですね」だけよりもリアリティがあります。

例文 今回のライン整備は、さすがその道のプロというお仕事を拝見いたしました。

フォーマル度 ★★★

お見《み》逸《そ》れいたしました。

解説 相手の才能や手腕、知識などに気づいた時、あまり詳しくないと思っていたことが誤解であった際にお詫びのニュアンスで使うフレーズです。

例文 我々の業界にこれほどお詳しいとは…。お見逸れいたしました。

フォーマル度 ★★★

資《し》する

解説 「資する」とは、助けとなる、役立つという意味です。相手の助言や仕事ぶりなどで助かった時などに使います。

例文 松田様の研究分野は、業界の発展に資するところが大きいと確信しております。

フォーマル度 ★★★

飛ぶ鳥を落とす勢いですね。

解説 相手のビジネスが目立った活躍をしている際に使うフレーズです。

例文 新商品のラインナップは、どれも売れ行き好調で、マスコミでも盛んに取り上げられているのを拝見しました。まさに飛ぶ鳥を落とす勢いですね。

フォーマル度 ★★★

▼ますますご隆盛のようで何よりです。

解説 繁盛ぶりや移転など、社外のよい話を聞いた際に使うフレーズです。面談の際の話題として、挨拶代わりに使うこともできます。

例文 このたびは広島支店を新設されるとか。ますますご隆盛のようで何よりです。

フォーマル度 ★★★

▼八面六臂《はちめんろっぴ》の活躍でしたね。

解説 もともとは阿修羅像のイメージに由来する表現であり、多方面での活躍を讃える言葉です。

例文 柏木さんのお仕事を拝見しました。まさに八面六臂の活躍でしたね。

フォーマル度 ★★★

▼ご慧眼《けいがん》に感服《かんぷく》するばかり

解説 「慧眼」は物事の本質を鋭く見抜く力、「感服」は感心して敬服するという意味です。先見性、洞察力などを褒めるフレーズです。

例文 貴社の時代を先取りするご慧眼には感服するばかりでございます。

励ます

新しいチャレンジをする人に、失敗して落ち込む人に、エールを送るシーンは意外と多いものです。言葉で励まし合える関係を築きましょう。

フォーマル度 ★★★

▼この分野で実績を残しているから〜

解説 実績や知識がある人を登用する際に、実力を認めながら励ますフレーズです。「○○さんはこの分野に詳しいから」「経験を見込んで」などもあります。

例文 この分野で実績を残しているから、今回も山崎くんに安心して任せられるよ。

フォーマル度 ★★★

▼期待されている証拠だよ。

解説 上司に叱られた人、大きな仕事を任された人などにかけるフレーズです。

例文 初めての仕事でちょっとミスしただけじゃないか。厳しく言われるのも、部長に期待されている証拠だよ。

フォーマル度 ★★★（2つ塗り）

存分にご活躍ください。

解説

配属が変わる人、新天地に赴く人、独立した人など、新しい一歩を踏み出した人に、活躍を期待して送るフレーズです。

例文

お体には十分お気をつけて、アメリカ支局で存分にご活躍ください。

フォーマル度 ★★★（2つ塗り）

踏ん張りどころですよ。

解説

失敗した時や繁忙期には、心が沈んでしまうこともあります。「今を乗り切れば大丈夫」という気持ちを込めて励まします。

例文

君なら絶対に乗り越えられるよ。今が踏ん張りどころだよ。

フォーマル度 ★★★

成功されることを信じております。

解説

目上の人が大きなチャレンジを控えている時に使いたいフレーズです。「がんばってください」より、改まった印象があります。

例文

今回の都市再生プロジェクト、成功されることを信じております。

社外
27

励ます

栄転、新社屋の完成、新店舗のオープン、新会社の設立など、取引先に喜ばしいことがあれば、お祝いにふさわしい励ましの言葉を添えて送りましょう。

フォーマル度 ★★★

▼さらなるご活躍をお祈りします。

解説 栄転や昇進した取引先の担当者に、対面やメールなどでかけるフレーズです。

例文 日頃のご活躍が評価されてのご昇進ですね。さらなるご活躍をお祈りします。

フォーマル度 ★★★

▼どうかお体にはお気をつけください。

解説 励ましの言葉に添えたい言葉です。「健康には十分ご留意ください」「ご自愛ください」などは、より丁寧な表現になります。

例文 要職のことゆえ、どうかお体にはお気をつけて、手腕を発揮されますように。

フォーマル度 ★★★

▼一層飛躍されることを祈念いたします。

解説 相手が大きく発展して活躍することを願う気持ちを伝えるフレーズです。「祈念」は神仏に祈ることを意味しますが、広くビジネスでも使われます。

例文 新店舗へのご栄転を機に、今後一層飛躍されることを祈念いたします。

フォーマル度 ★★★

▼先達《せんだつ》としてご奮闘されることと〜

解説 「先達」は先輩として、ほかを導く人という意味です。指導者の立場になった人に送りましょう。

例文 協会長に就任され、業界の先達としてご奮闘されることと存じます。

フォーマル度 ★★★

▼謹んでご繁栄とご発展を祈念いたします。

解説 お祝い状などで使う表現で、会社全体の発展を願って励ます言葉です。

例文 このたびは新会社設立とのこと、ご慶賀申し上げます。謹んで貴社のご繁栄とご発展を祈念いたします。

社内

28

祝う

社内の人が仕事で成功した時、プライベートで喜ばしいことがあった時は、心からのお祝いを伝えましょう。相手との距離がぐっと近づきます。

フォーマル度 ★★★

▼喜ばしい限りです。

解説 相手の喜ばしい状態をお祝いしながら、自分もうれしく感じていることが伝わるフレーズです。

例文 証券アナリストの資格試験に合格されたんですね。喜ばしい限りです。

フォーマル度 ★★★

▼ご家族もさぞお喜びのことでしょう。

解説 相手の周囲の人の気持ちまで配慮することで、喜びの大きさを表現できます。取引先に使う場合などには「皆様も～」と言い換えましょう。

例文 お嬢様が大学進学とのこと、ご家族もさぞお喜びのことでしょう。

フォーマル度 ★★★

▼このたびはめでたく○○されたとのこと〜

解説 お祝いの言葉の前につけるフレーズです。見聞きした相手の祝い事の内容を表現します。

例文 このたびはめでたくご昇進されたとのこと、誠におめでとうございます。

フォーマル度 ★★★

▼お喜び申し上げます。

解説 社内外、誰に対しても使える丁寧な定番フレーズです。「お祝い申し上げます」もあります。冒頭に「心より」「心から」をつけると丁寧です。

例文 このたびの東京本社へのご栄転、心よりお喜び申し上げます。

フォーマル度 ★★★

▼ご多祥《たしょう》の由《よし》〜

解説 「多祥」とは幸せな事が多いことを意味します。新築祝いやお子さんの入学祝いの時など、多くは手紙で使います。

例文 桜花爛漫の季節となり、皆様ますますご多祥の由、お喜び申し上げます。

社外
28

祝う

取引先の慶事はすぐに対面、メール、手紙などでお祝いを伝えましょう。状況によって、お祝いの品を贈ることも検討します。

フォーマル度 ★★★

▼心よりお祝いを申し上げます。

解説 社内外、誰に対しても使える定番フレーズです。「お祝い」は「祝福」や「お喜び」などに言い換えてもいいでしょう。

例文 創立10周年を迎えられた由、心よりお祝いを申し上げます。

フォーマル度 ★★★

▼ご笑納いただけると幸いです。

解説 親しい間柄の人にお祝いの品を送った時に添えるフレーズです。

例文 僭越ながら、お祝いの品を拝送いたしました。よろしくご笑納いただけると幸いです。

フォーマル度 ★★★

▼謹んでお慶び申し上げます。

解説 「慶ぶ」は「喜ぶ」と意味は同じですが、慶事などのおめでたい時に使います。冒頭に「謹んで」を加えることでより丁寧な表現になります。

例文 このたびは内閣総理大臣賞を受賞されたとのこと、謹んでお慶び申し上げます。

フォーマル度 ★★★

▼慶祝《けいしゅく》の至りに存じます。

解説 「慶祝」は喜び祝うこと、「至り」はこれ以上はない、という意味です。「慶賀の至り」と言い換えることもできます。

例文 このたびは新会社を設立された由、誠に慶祝の至りに存じます。

フォーマル度 ★★★

▼衷心《ちゅうしん》よりご祝詞《しゅくし》申し上げたく存じます。

解説 「衷心」は心の底という意味で、「心から」と同義語です。改まった表現の中では定番フレーズです。

例文 新店舗をご開店とのこと、衷心よりご祝詞申し上げたく存じます。

見舞う

病気、事故、災害など、不幸な出来事に遭った人には、お見舞いの言葉を送ります。相手への気遣いと慰めを伝え、支援できることはないか確認しましょう。

フォーマル度 ★★★

▼ご無事でしょうか。

解説 安否を確認する際の定番フレーズです。

例文 そちらの地方は洪水被害が大きいと伺いました。東京営業所の皆様はご無事でしょうか。

フォーマル度 ★★★

▼案じております。

解説 社内外、誰にでも使えるフレーズです。「心配です」より丁寧な印象が伝わります。

例文 不慮の災害を耳にし、大変驚いております。皆様はいかがお過ごしかと案じております。

フォーマル度 ★★☆

▼ご回復をお祈りしています。

解説 しばらく仕事ができないなど、平静な生活ではない人に向けて、回復を祈る言葉です。

例文 どうか十分ご加養の上、1日も早いご回復をお祈りしています。

フォーマル度 ★★☆

▼その後、お加減はいかがでしょうか?

解説 体調を崩していた人に、その後の経過を尋ねる際のフレーズです。「経過はいかがでしょうか」「その後はいかがでしょうか」などの表現もあります。

例文 入院されることになって驚きました。その後、お加減はいかがでしょうか?

フォーマル度 ★★★

▼十分なご静養をなさいますよう〜

解説 しばらく療養する人に対する見舞いの言葉です。「ご養生」「ご療養」「ご休息」などの言葉に言い換えることができます。

例文 この機会に十分なご静養をなさいますよう、願っております。

社外
29

見舞う

取引先の不幸はすぐにお見舞いしましょう。取り込み中ですから、手紙やメールの場合は前文を省略し、内容もお見舞いだけにします。

フォーマル度 ★★★

▼お見舞い申し上げます。

解説 病気や怪我の際に使う定番のフレーズとして、元気づける言葉を添えましょう。冒頭に「心より」「心から」「謹んで」をつけると、より丁寧です。

例文 突然の入院と承りました。心よりお見舞い申し上げます。

フォーマル度 ★★★

▼ご経過は順調と伺い～

解説 手術を行った後の経過観察中、または体調を崩した後の回復期などにふさわしいフレーズです。社内外、誰にでも使えます。

例文 ご経過は順調と伺い、安堵いたしております。

フォーマル度★★★

さぞ、ご落胆のことと拝察いたします。

解説 「拝察」は相手の気持ちを「推測する」のへりくだった表現で、相手を思いやる気持ちを込めたフレーズです。

例文 不慮の災害に、さぞ、ご落胆のことと拝察いたします。

フォーマル度★★★

誠にお慰めの言葉もございません。

解説 不慮の災害や事故に遭った人に対して、言葉を失うほど動揺した気持ちを伝えます。

例文 このたびは追突事故に遭われたと伺い、誠にお慰めの言葉もございません。

フォーマル度★★★

ご復旧をお祈り申し上げます。

解説 事故や災害で被害に遭った相手が元の状態に戻ることを祈るフレーズです。社屋の被害などには「ご再建」や「ご復興」という言葉も使えます。

例文 栃木工場の火災につきましては一日も早いご復旧をお祈り申し上げます。

お悔やみ

訃報を知ったら、弔問に駆けつけます。行けない時には、白い便せんに薄墨でお悔やみ状を出します。はがきやメールは避けましょう。

フォーマル度 ★★★（3段階中2）

▼突然のことで～

解説 驚きの思いを伝える定番のフレーズです。自分の動揺を伝えることで、悲しみに共感していることがわかります。

例文 あまりにも突然のことで、いまだに信じられません。

フォーマル度 ★★★

▼ご訃報《ふほう》を承りました。

解説 「亡くなったことを知った」という意味です。「ご訃報に接し」「ご逝去の由」、若い人の死去の場合は「ご夭折の報に」などの表現があります。

例文 昨日、ご逝去されたとのご訃報を承りました。

フォーマル度 ★★★

さぞ、お力落としのことでございましょう。

解説 深い悲しみを察して、相手の心身を気遣う際に使うフレーズです。

例文 お元気でいらしたのに突然のことで、さぞ、お力落としのことでございましょう。

フォーマル度 ★★★

ご心痛のほど、お察しいたします。

解説 不幸なことや辛いことがあった際に使います。相手への同情の気持ちを伝えるフレーズです。

例文 ご遺族様のご心痛のほど、お察しいたします。

フォーマル度 ★★★

お嘆きはいかばかりかと拝察申し上げます。

解説 嘆きの程度を推察して、相手の家族の心中を慮る表現です。お悔やみ状などで主に使われます。

例文 ご家族の皆様のお嘆きはいかばかりかと拝察申し上げます。

社外
30

お悔やみ

取引先や関係先の親族に不幸があった場合には、社内で早急に対応を確認します。会社を代表して接することを心がけ、遺族への気遣いを表現しましょう。

フォーマル度★★★

▼お悔やみ申し上げます。

解説 通夜、告別式に参列する際に、故人を悲しみ悼んでいることを伝えます。遺族に対する慎み深い挨拶の定番フレーズです。

例文 ご恩返しもできぬままお別れすることになり、心よりお悔やみ申し上げます。

フォーマル度★★★

▼ご霊前にお供えください。

解説 香典を渡す際に添える言葉です。香典は「ご香料《こうりょう》」と言い、「心ばかりのご香料を」と表現することもあります。

例文 形ばかりのものですが、ご霊前にお供えください。

フォーマル度 ★★★

謹んでご冥福をお祈り申し上げます。

解説 亡くなった人が現世から離れ、穏やかでいられるよう願いを込めたフレーズです。

例文 当社社員一同、謹んでご冥福をお祈り申し上げます。

フォーマル度 ★★★

痛惜《つうせき》の念に堪えません。

解説 「ひどく悲しく、惜しい」という意味で、弔電やお悔やみ状で使う表現です。「痛惜のきわみでございます」という表現もあります。

例文 生前はひとかたならぬご厚誼《こうき》に預かりました。痛惜の念に堪えません。

フォーマル度 ★★★

哀悼の意を表します。

解説 弔電やお悔やみ状など文章でのみ使う表現です。相手と直接、話をする際には使わないので注意してください。

例文 ご訃報に接し、生前のご功績を偲び、謹んで哀悼の意を表します。

COLUMN

ビジネスの場でよく使われるカタカナ語を押さえておこう

業界や会社の風土にもよりますが、ビジネスではカタカナ語が多く使われることがあります。あまり多用するとわかりづらい文章になってしまうので、使いすぎはタブーです。

とはいえ、上司や取引先の言葉を理解できないのは困ります。よく使われるカタカナ語は押さえておく必要があるでしょう。

ア行のカタカナ語

・アサイン…割り当て、任命、配属

・アサップ（ASAP）…急ぎ、なるだけ早く

・アジェンダ…計画、予定表、議事日程

・アライアンス…経済的なメリットを目的とした複数企業の協力体制

・イニシアチブ…主導権

・インセンティブ…意欲向上や目的達成するための刺激策、動機づけ。特に報酬などを指す

・ウィン・ウィン…取引関係にある両社がどちらも利益を得られるような関係

・エビデンス…証拠・根拠

・オファー…申し込み、提示

・オリエン…オリエンテーションの略。仕組みやルールの情報を示すこと

カ行のカタカナ語

・クラウドソーシング…不特定多数の人に業務を委託する形態

・クロージング…営業の最終局面で、お客様に契約を結

ぶよう働きかけること

・グロス…数量の単位（1グロスは12ダース）。転じて「ひとまとめにして」という意味で使われることもある

・コモディティ…一般化したことで差別化が難しくなった商品・サービス

・コンセンサス…合意、意見の一致

・コンプライアンス…法令遵守。ルールに従った公正な業務遂行

サ行のカタカナ語

・サードパーティー…関係はあるが、直接の当事者ではない第三者

・サマリー…概要、要約

・シナジー…相乗効果

・スキーム…組織立って行われる大きな計画、体制

・ステークホルダー…お客様、取引先、社員など、企業の利害関係者

・ソリューション…問題解決法（特にITではその情報システムのこと）

タ行・ナ行のカタカナ語

・タイト…厳しい

・データマイニング…大量のデータ（ビッグデータ）から何らかの知見を得る技術

・デファクトスタンダード…事実上の標準

・ドラスティック…思い切ったやり方、過激

・ドラフト…契約前の草稿

・ナレッジ…ノウハウ、事例など、企業にとって有益な情報

・ニッチ…大企業が進出しないような小さな市場、隙間市場

ハ行のカタカナ語

・バーター…抱き合わせ。売れ筋商品と不人気商品を一緒にして契約すること

・バッファ…緩衝材、緩衝装置。納期やコストなど、何

らかのゆとりをもたらせている部分
・ペンディング…保留、先送り
・フィックス…最終決定
・フィードバック…反応、意見、評価。またその反応を活かす方法
・ブレスト（ブレインストーミング）…自由にアイデアを出し合う会議の手法
・プライオリティ…優先、優先順位
・ポジショニング…市場における自社もしくは自社商品の位置づけ
・ホスピタリティ…接遇、接客におけるおもてなしの姿勢・行動
・ポテンシャル…可能性、潜在能力

マ〜ワ行のカタカナ語

・マイルストーン…もとは標識、道しるべ。転じて、進捗管理のポイントを指す
・マスト…絶対に必要なこと、大切なこと
・マター…その人が担当すべき仕事、その人に責任がある
・レスポンス…反応、応答、返答
・リマインド…思い出させること
・リードタイム…所要時間。受注から納品までの時間など

PART

09

使える
クッション言葉

会話をソフトにつなげ、広げる言葉

ストレートすぎる表現は、時として乱暴な印象を与えてしまいかねません。話をリードしたい、言いづらいことを伝えたい時こそ、クッション言葉を使ってやわらかく伝えましょう。

社内 31

話題をふる

職場でのコミュニケーションは必要不可欠なものです。業務をスムーズに進めるための会話、人間関係を築くための雑談も、自分から積極的に行いましょう。

先輩に

フォーマル度 ★★★

▼最近、調子はどうですか？

解説 最近の体調を気遣う言い回しです。健康や気分、動作だけでなく、物などにも幅広く使えます。

例文 いよいよ東京マラソンですね。最近、走りの調子はどうですか？

同僚に

フォーマル度 ★★★

▼こんなことを話すと笑われそうですが〜

解説 自分から悩みを打ち明けたい時、相手にどう思われるかわからないような話題をふる時に使うことで、発言のハードルを下げます。

例文 こんなことを話すと笑われそうですが、先日買い物に行った時に…。

フォーマル度 ★★☆

わかっていると思うけれど～

解説 失敗の原因やミスを指摘する際の前置き言葉です。「あなたが十分承知していることは知っている」とあえて伝えることで、相手の反発心を防ぎます。

例文 わかっていると思うけれど、A社に報告しなかったことが失敗の原因だよ。

フォーマル度 ★★★

ご報告差し上げたいことがございます。

解説 報告事項がある場合に使う前置きフレーズです。改まった報告、という雰囲気が出るので、相手も「多少時間がかかるな」と心づもりをしてくれます。

例文 ご報告差し上げたいことがございます。昨日、お客様を訪問したところ…。

フォーマル度 ★★★

私事で恐縮ですが～

解説 プライベートな事項を報告する際の前置き言葉です。内容によっては休暇や仕事の進行を調整する必要があるので、マナーを守って話をしましょう。

例文 私事で恐縮ですが、今秋に結婚することになりました。

社外
31

話題をふる

社外とのコミュニケーションには、世間話や業務の打ち合わせなどさまざまあります。その中で大切なのは、会話から相手のニーズを的確につかむことです。

フォーマル度 ★★★

▼御社の○○を拝見しました。

解説 雑談の話題は相手が答えやすいものが一番です。取引先の新商品や広告、マスコミ掲載など、活躍の様子について触れると、相手も喜んでくれます。

例文 先週、御社の新商品がコンビニに並んでいるのを拝見しましたよ。

フォーマル度 ★★★

▼最近、○○はされているのですか？

解説 あらかじめ知っている相手の趣味や習慣を、雑談として取り上げる際のフレーズです。

例文 最近、釣りには行かれているのですか？　実は私も始めたんですよ。

フォーマル度 ★★★

▼ご存じのことと思いますが～

解説 知識や情報について話を切り出す際の前置き言葉です。一度知らせた話を再度、という場合には「すでにご承知のように」などに置き換えられます。

例文 ご存じのことと思いますが、弊社はこの商品を主力としておりまして…。

フォーマル度 ★★★

▼勘違いであればご容赦《ようしゃ》いただきたいのですが～

解説 相手の意見や主張との齟齬を指摘する際の前置き言葉です。「自分の勘違いかもしれない」と伝えることで、無用な衝突を防ぎます。

例文 勘違いであればご容赦いただきたいのですが、確か先日の打ち合わせでは…。

フォーマル度 ★★★

▼どうお受け止めになりましたでしょうか。

解説 こちらの提案内容を説明した後、相手の意見を促すフレーズです。「お考えはいかがでしょうか」「御社のご意見を伺えますか」などもあります。

例文 先日の弊社のご提案ですが、どうお受け止めになりましたでしょうか。

社内 32

話題を変える

話をしていて堂々巡りになったり、本筋から逸れた場合には、話題を変えることが効果的です。ふさわしい言葉を用いて、うまく筋道をつけましょう。

フォーマル度 ★★★

話をいったん整理させてください。

解説 会議やミーティングなどで話の収集がつかなくなった時、本筋に戻す際のフレーズです。

例文 話をいったん整理しよう。新しい配合に基づき、製造は横浜工場で行います。

フォーマル度 ★★★

話は飛びますが～

解説 話題を変えたい時に使う前置きフレーズです。目上の人に使う場合には、「話が飛んで申し訳ございませんが」などとすると丁寧です。

例文 ちょっと話は飛ぶけど、売掛金の件はどう処理したのかな？

フォーマル度 ★★☆

余談ですが～

解説 話の本筋ではないけれど、ヒントになるかもしれない話題を出す時に使う前置き言葉です。結論を出しかねている時などにも有効です。

例文 余談ですが、一昔前に同じ方法を使った際に高い成果が得られました。

フォーマル度 ★★★

話が前後して恐縮ですが～

解説 すでに次の話題に進んでいるが、前の話題に戻したい時に使う前置き言葉です。

例文 話が前後して恐縮ですが、先ほどのコンビニ向け商品のプロモーションは…。

フォーマル度 ★★★

以前より考えていたのですが～

解説 重要な決断を打ち明ける際の前置き言葉です。「前から考えていた」と言うことで、自分の真剣な気持ちが伝わります。

例文 以前より考えていたのですが、転属願いを出させていただこうかと…。

社外
32

話題を変える

商談をスムーズに進めるため、また商談の前後や最中に空気を和ませるために話題転換は有効です。話の流れを自分でうまくコントロールしましょう。

フォーマル度 ★★★

▼そのお話から思い出したのですが～

解説 相手の話を受けて、関連事項を述べる際の前置き言葉です。

例文 そのお話から思い出したのですが、社内で同じような体験をした者がおりまして…。

フォーマル度 ★★★

▼話が少しずれるかもしれませんが～

解説 話が停滞した時、少し視点をずらすことで、新たな気づきを得られる場合があります。補足情報や余談を提供してみましょう。

例文 話が少しずれるかもしれませんが、飲食業界で成功例がございます。

フォーマル度 ★★★

▼例えば、〇〇の場合はどうでしょうか。

解説 話が行き詰まった時に、違った側面を聞きたい時に使えるフレーズです。見方を変えて新しい発見をしたり、条件を変えて妥協点を探ったりします。

例文 例えば、この壁紙の色をもっと落ち着いたものにしてはどうでしょうか。

フォーマル度 ★★★

▼ところですでにお聞き及びかと思いますが～

解説 比較的、好ましくないニュースについて話を転換する際のフレーズです。

例文 ところですでにお聞き及びかと思いますが、再来月に弊社サービスの価格改定を控えており、すぐには対応が難しいのが正直なところでございます。

フォーマル度 ★★★

▼今さら申し上げるのも恐縮ですが～

解説 「文脈に合わない話題で申し訳ない」「話題を変えることについて了承してほしい」という気持ちが伝わります。

例文 今さら申し上げるのも恐縮ですが、納期についてお話しさせてください。

クッション言葉

クッション言葉とは、相手にお願いしたり断ったりする時に、言葉の前につけてソフトな印象を与えるための言葉です。大人として自然に使いこなしましょう。

フォーマル度 ★★★（1/3）

▼せっかくですが～

解説 相手からの申し出や提案に対して、角を立てずにやんわりと断りたい時に使います。

例文 せっかくですが、今日はクライアントのS社には一人で伺うことにします。

フォーマル度 ★★★（2/3）

▼お手数ですが～

解説 何かを依頼したい時、確認をお願いしたい時のフレーズです。相手に負担をかけているという自覚を伝え、協力を求めましょう。

例文 お手数ですが、企画書のチェックをお願いできますでしょうか。

フォーマル度 ★★☆

お使い立てして申し訳ありませんが～

解説 ちょっとした雑用をお願いするようなシチュエーションで使います。上司など目上の人には使わないフレーズですので要注意です。

例文 お使い立てして申し訳ないけど、コピー用紙の補充を頼めるかな。

フォーマル度 ★★☆

身に余るお話ですが～

解説 自分には手に負えそうにない仕事を断るケースで使います。相手の評価や好意には感謝しつつ、「自分にはできない」と伝えます。

例文 身に余るお話ですが、今回のオファーは辞退させていただきます。

フォーマル度 ★★★

唐突ではございますが～

解説 「唐突」とは、人の言動がそれまでと連続性がなく、予期できないこと。ビジネスでは、相手の不意を突く非礼などを詫びる意味が込められています。

例文 唐突ではございますが、明日、内部監査を実施するとの連絡が入りました。

社外 33

クッション言葉

クッション言葉を使うことで、言いにくいことも伝えやすくなる効果があります。特にお客様を相手にする場合は、積極的に活用しましょう。

フォーマル度 ★★★

▼取り急ぎ〜

解説 お礼の言葉を述べる時など、「取り急ぎ」と前置きすることで、「ひとまずお伝えします」のニュアンスが生まれます。

例文 お願いしておりました画像データを拝受しました。取り急ぎお礼まで。

フォーマル度 ★★★

▼失礼ですが〜

解説 相手の名前を確認する時のフレーズです。特に電話などで聞き直すケースでよく使います。

例文 失礼ですが、もう一度お名前をお聞かせ願えますでしょうか。

フォーマル度 ★★☆

ご多忙のところ恐れ入りますが～

解説

低姿勢で相手にお願いしたい気持ちを伝えるフレーズです。実際に多忙かどうかを確認する必要はありません。

例文

ご多忙のところ恐れ入りますが、お時間を頂戴できますでしょうか。

フォーマル度 ★★★

不本意でございますが～

解説

「不本意」とは自分の気持ちや望みとは違うこと。自分が感じている意に反して、仕方がなく、お願いなどをする際のフレーズです。

例文

不本意でございますが、今回の改修工事は延期となりました。

フォーマル度 ★★★

お手をわずらわせて恐縮ですが～

解説

目上の人に対して何かお願いする時に使うフレーズです。恐縮しているという気持ちを伝えましょう。

例文

お手をわずらわせて恐縮ですが、来週までにご用意いただけますと幸いです。

COLUMN

季節の挨拶フレーズで人間関係を和やかに

四季の移ろいを感じながら生活し、折りに触れて相手の安否を気遣うのは、日本の古くからの文化です。

自身の近況報告を添えつつ、美しい言葉の表現によって折々の季節を味わう。

会話のきっかけにもなりますし、手紙やメールの挨拶文としても相手への心配りを表現できます。

1月	会話	・今日は一段と冷え込みましたね ・この頃は寒くてかないませんね ・寒さと乾燥で風邪が流行しているようですね
	手紙	・初春の候　・厳寒の候　・耐寒の候（1月20日頃）
	手紙やメール	・松の内の賑わいが過ぎて、寒さが身にしみるようになってきました ・暖冬とは申しましても、朝晩は寒さがこたえますよね ・寒さが身にしみると感じておりましたが、寒波が到来しているとか。厳しい季節ですね

2月	会話	・近年にない寒さですね ・だんだんと日脚が伸びてきましたね ・そろそろ寒さも和らぐ頃ですね
	手紙	・晩冬のみぎり　・立春の候　・梅鶯の候
	手紙やメール	・立春とは名ばかりの寒さが続いております ・三寒四温とは申しますが、体調を崩しやすい時期ですね ・余寒なお厳しき折、○○様はお変わりございませんでしょうか

3月	会話	・厚手のコートもそろそろお役御免でしょうか ・水がゆるんできましたね ・一雨ごとに暖かくなると言いますね
	手紙	・早春の候　・弥生の候　・春陽の候
	手紙やメール	・あちらこちらで春の息吹を感じる頃です ・ようやく過ごしやすい季節になりました ・年度末を迎えております。例年、１月から３月はあっという間に過ぎてしまいますね
4月	会話	・今週末は花見を楽しめそうですね ・花散らしの雨ですね ・新入学の子供や新社会人を見かけると、フレッシュな気分になりますね
	手紙	・陽春の候　・桜花の候　・春爛漫の折
	手紙やメール	・花便りが聞かれる季節になりました ・春光うららかな季節ですね ・近づく連休に心躍っております
5月	会話	・暑からず寒からずで過ごしやすいですね ・もう暦の上では夏の始まりなんですよね ・今日などは半袖でもよいくらいです
	手紙	・晩秋の候　・薫風の候　・春花の候
	手紙やメール	・若葉が目にしみる好季節となりました ・鮮やかな若葉の上の雨露が光にきらめいています ・緑が照り映える季節です
6月	会話	・空梅雨でしょうか。あまり振りませんね ・衣替えの季節ですね。冬物の整理はお済みですか ・梅雨の晴れ間ですね
	手紙	・梅雨の候　・初夏の候　・向暑のみぎり
	手紙やメール	・入梅のニュースが聞かれるようになりました ・梅雨も明けたかと思えば、また連日の雨模様です ・薄暑とは申しますが、本当に汗ばむほどの暑さですね
7月	会話	・夏休みのご予定は立てられましたか ・うだるような暑さが続きますね ・蝉の鳴き声を聞きました
	手紙	・盛夏の候　・酷暑のみぎり　・蝉時雨の季節
	手紙やメール	・梅雨が明けたとたん、うっとうしかった雨が恋しくなるほどの暑さが続いております ・大暑とは申しますが、その通りの酷暑です ・三伏の候とは申しますが、本当に厳しい暑さでございます（三伏の候は７月後半～８月前半の最も暑い時期に使う）

8月	会話	・熱帯夜で目が覚めてしまいますね ・夏祭りの季節ですね ・打ち水でもしてみましょうか
	手紙	・残暑の候　・晩夏の候　・納涼の候
	手紙やメール	・立秋とは名ばかりの日が続いております ・甚暑が身にしみる日々ですが ・今年は残暑がひときわ厳しく
9月	会話	・暑さ寒さも彼岸までと申しますが（秋分の日前後３日間） ・つい先日まで入道雲が見られていましたが、今日はいわし雲でした ・朝夕はずいぶん過ごしやすくなりましたね
	手紙	・初秋のみぎり　・新秋の候　・新涼の候
	手紙やメール	・秋気とみに清くなってまいりました ・灯火親しむべしと言われる季節ですね ・天高く馬肥ゆる秋と申します
10月	会話	・秋の味覚が楽しめる季節ですね ・紅葉は見に行かれましたか ・朝晩は風が冷たく感じられるようになりました
	手紙	・秋冷の候　・紅葉の候　・名月の候
	手紙やメール	・秋冷爽快の季節です。本当に過ごしやすい季節になりました ・秋の長雨が続いております ・一日、一日と秋が深まる気配を感じております
11月	会話	・日増しに寒くなりますね ・朝は冷気が肌を刺すようです ・日中はまだ暖かく感じる日もありますね
	手紙	・晩秋の候　・落葉の候　・寒暖不同のみぎり
	手紙やメール	・冬の足音が聞こえるようです ・小春日和の柔らかい日差しをありがたく感じております ・今年は気温が下がるのが早いようで、今朝は初霜が降りました
12月	会話	・師走はやっぱり慌ただしいですね ・年末はお酒の席が増えますね ・本格的な冬将軍が到来するようですよ
	手紙	・初秋の候　・寒冷のみぎり　・年末余日少なき折
	手紙やメール	・師走の声を聞いたとたん、底冷えする日が続いております ・例年のことながら、歳末多端な日々を過ごしております ・迫る年の瀬に、お忙しい日々をお過ごしのことと思います

PART

10

接客の言葉

おもてなしの気持ちを言葉で表現する

お客様の出迎えや、会食の席など接客の場面では、相手に喜んでもらうために最善を尽くす必要があります。おもてなしの気持ちと言葉を大切に、有意義な時間を共有しましょう。

社外
34

お客様を迎える①受付対応

会社に訪問客がいらした際は、社員一人ひとりが快くお出迎えすることで、会社のイメージを決定づけられます。

フォーマル度 ★★★

▼いらっしゃいませ。

解説 歓迎の気持ちを伝える基本フレーズです。冒頭に「ようこそ」をつけたり、「ようこそお越しくださいました」と言い換えることもできます。

例文 ようこそいらっしゃいませ。本日はどのようなお住まいをお探しでしょうか。

フォーマル度 ★★★

▼お約束をいただいておりますでしょうか？

解説 自社の担当者を確認して、お客様を取り次ぎます。お待たせしている間は「こちらにお掛けになってお待ちください」などと声をかけましょう。

例文 大変恐れ入りますが、お約束をいただいておりますでしょうか？

フォーマル度 ★★★

▼確認してまいりますので～

解説 アポイントの有無を確認したら、このフレーズでお待ちいただきます。担当者に来客の旨を伝え、指示を受けます。

例文 ただ今確認してまいりますので、少々お待ちくださいませ。

フォーマル度 ★★★

▼○○様、お待ちしておりました。

解説 自分が担当者の場合、また受付で事前にアポイントを知っている場合のフレーズです。名前を呼びかけることで、歓迎の意を丁寧に伝えられます。

例文 森重様、お待ちしておりました。ただ今ご案内いたします。

フォーマル度 ★★★

▼ご足労いただきまして～

解説 「わざわざ来ていただいて感謝しています」という意味です。「お忙しい中お越しいただき」と言い換えることもできます。

例文 このたびはご足労いただきまして、ありがとうございます。

社外 34

お客様を迎える②案内対応

訪問者を社内の面談場所まで案内したり、待ってもらったりする際にも、ふさわしい言葉づかいがあります。適切な言葉がけを心がけ、会社のイメージを損なわないようにしましょう。

フォーマル度 ★★★

▼ご案内いたします。

解説 案内先を伝え、先に立ってお客様を案内します。

例文 それでは、ご相談窓口にご案内いたします。どうぞこちらでございます。

フォーマル度 ★★★

▼○階でございます。

解説 案内している最中、エレベーターに乗る時に添えるフレーズです。廊下の曲がり角では「左手でございます」などと指し示しながら案内しましょう。

例文 本日のミーティングは、7階会議室でございます。

フォーマル度 ★★★

▼あちらの椅子にお掛けになって～

解説 お客様が部屋に入ったら、上座に座るよう案内します。

例文 まもなく原口がまいりますので、あちらの椅子にお掛けになってお待ちいただけますでしょうか。

フォーマル度 ★★★

▼お目通しいただきながら～

解説 担当者が来るまでに少し時間がかかるようなら、それまでに見てもらえるような会社案内、商品パンフレットなどを用意しておきます。

例文 原口がまいるまで、こちらにお目通しいただきながら、少しお待ちください。

フォーマル度 ★★★

▼温かいものと冷たいもののどちらが～

解説 お客様に出す飲み物は選択する形でお勧めすると、より丁寧な印象です。

例文 お飲み物をお持ちしたいのですが、温かいものと冷たいもののどちらがよろしいでしょうか？　コーヒーかお茶がございます。

社外
35

お客様を訪問する①面談申し込み

こちらからお客様の所へ出向く際には、自社の代表だということを意識して、印象よく振る舞いましょう。

フォーマル度 ★★★

▼お時間をいただけますでしょうか。

解説 訪問について、電話やメールでアポイントを取る際のフレーズです。

例文 新規プロジェクトの件でお打ち合わせのお時間をいただけますでしょうか。来週か再来週あたりで、ご都合のよい日を教えていただけると幸いです。

フォーマル度 ★★★

▼○○も同行いたします。

解説 訪問人数によって、相手も応接室の準備などが変わってきます。同行者がいる場合、訪問のアポイントをとる際にその旨を伝えましょう。

例文 今回は私とともに、部長の酒井も同行いたします。

フォーマル度 ★★★

お約束をいただいております。

解説 アポイントがあることを伝える定番フレーズです。あわせて、先方担当者の名前を伝えて、約束の内容を伝えます。

例文 営業部の乾様と3時よりご面談のお約束をいただいております。

フォーマル度 ★★★

近くまで来る用事がございまして～

解説 もしアポイントがない場合は、訪問の理由を伝えて、機会を伺います。

例文 お約束はいただいておりませんが、近くまで来る用事がございまして…。宮市様はご在席でしょうか？

フォーマル度 ★★★

お取り次ぎをお願いできますでしょうか。

解説 担当者との取り次ぎをお願いするフレーズです。アポイントがある場合も、ない場合にも使えます。

例文 恐れ入りますが、ご担当者様にお取り次ぎをお願いできますでしょうか。

社外 35

お客様を訪問する②面談

こちらが相手を訪問して迎えられ、案内を受けるシーンです。相手の社内のすばらしいところを褒めましょう。会話のきっかけになります。

フォーマル度 ★★★

▼すばらしい建物ですね。

解説 応接室などに案内されている最中には、褒め言葉で会話をします。窓の景色や立地のよさ、商品のすばらしさなどが定番の話題です。

例文 すばらしい建物ですね。目を引くデザインで驚きました。

フォーマル度 ★★★

▼貴重なお時間をいただきまして～

解説 担当者と会ったら、まず面会の感謝を伝えて挨拶します。

例文 本日はお忙しい中、貴重なお時間をいただきましてありがとうございます。ご無沙汰しておりましたが、ご活躍のほどは拝見しておりました。

フォーマル度 ★★☆

先日は○○で失礼いたしました。

解説 初対面の場合は、名刺交換をして、改めて自己紹介します。

例文 先日は突然お電話を差し上げて失礼いたしました。私はX社の太田と申します。どうぞよろしくお願いいたします。

フォーマル度 ★★☆

どうぞお気がねなく～

解説 いろいろ気遣いをしてくれる相手に応じるフレーズです。訪問先で「お暑くありませんか」など室温を気にしてくれたりする場合に使います。

例文 到着したばかりのため汗をかいておりますが、どうぞお気がねなく。

フォーマル度 ★★★

一度ご挨拶させていただきたく～

解説 上司との同行営業は、相手が特別扱いを感じて、関係を深めやすくなります。

例文 ご紹介いたします。営業部長の中村です。以前よりお世話になっておりますので、ぜひ一度ご挨拶させていただきたく…、

社内
36

参加を呼びかける

ランチやお酒、イベントなど、職場では業務以外のコミュニケーションもあります。人間関係づくり、休養や息抜きのためにも楽しんで参加しましょう。

フォーマル度 ★★★

▼仕事のコツをじっくりお聞きしたい。

解説 相手の自尊心をくすぐるフレーズです。こう言われてしまうと、「少しならいいか」と付き合ってくれる可能性が高まります。

例文 成績トップの林主任の営業のコツを飲みながらじっくりお聞きしたいです。

フォーマル度 ★★★

▼いいお店を見つけたんですよ。

解説 先輩や上司をさりげなく誘うフレーズです。「先日テレビでも紹介されていました」などの相手の興味をそそる情報もあれば伝えましょう。

例文 そういえば、いいお店を見つけたんですよ。今度ご一緒しませんか。

フォーマル度 ★★★

皆さん喜ばれると思います。

解説 普段、飲み会や社内イベントなどにあまり参加しない人を誘う時に向くフレーズです。相手に特別な人、期待しているという思いを込めています。

例文 今野さんに参加していただけたら、皆さん喜ばれると思いますよ。

フォーマル度 ★★★

どうぞお気軽に参加してください。

解説 社内イベントなどの知らせをメールや文書で知らせる際に適したフレーズです。肩肘張らず、リラックスして楽しんでほしい、と伝えましょう。

例文 社員同士の集まりですので、どうぞお気軽に参加してください。

フォーマル度 ★★★

可能ならばぜひ～

解説 目上の人など、気軽には参加をお願いできない相手に使えるフレーズです。「ぜひ」は期待感が強い分、出席を促すのに効果的です。

例文 青山本部長、可能ならばぜひ、ご参加をお願いします。

参加を呼びかける

イベント、接待、パーティー、式典など、取引先への参加を呼びかける際のフレーズを紹介します。

フォーマル度 ★★★

▼お昼でもいただきながら～

解説 接待とまでいかなくても、食事をしながら会話を交わしたい相手を誘う際のフレーズです。「もっと話したい」という気持ちと気軽さを伝えられます。

例文 次回は、お昼でもいただきながら、お打ち合わせしませんか。

フォーマル度 ★★★

▼お立ち寄りください。

解説 自社や自店、自社開催のイベントなどにやわらかく誘う定番フレーズです。

例文 御社の近くでイベントを開催しますので、もしお時間が許せば、ぜひお立ち寄りください。

フォーマル度 ★★★

一席設けさせて〜

解説　接待や会食に誘う際の定番フレーズです。相手の都合や好みを考えながら、予定を組みましょう。

例文　近々、一席設けさせていただきたいのですが、ご都合はいかがですか。

フォーマル度 ★★★

案内かたがた〜

解説　「かたがた」は案内すると同時に何かをお願いしたいという際に使います。

例文　本年も、弊社主催の新年会を開催しますので、ぜひご出席くださいますよう案内かたがたお願い申し上げます。

フォーマル度 ★★★

ご参会ください。

解説　「参会」は会合するという意味で「来会」と言い換えられます。勉強会や送別会など、何か特定の目的を持った集まり、グループの会合などで使います。

例文　定例のマーケティング研究会を20日に開催しますので、ぜひご参会ください。

フォーマル度 ★★★

開催する運びとなりました

解説 「開催することになりました」と比較すると、よりかしこまった表現となります。式典など改まった場に誘う際には「執り行う運びと」を使いましょう。

例文 創立30周年記念式典を開催する運びとなりましたので、ご案内申し上げます。

フォーマル度 ★★★

皆様お誘い合わせの上～

解説 取引先ばかりでなく、同僚または近親者などと一緒に参加して楽しんでください、という思いを込めたフレーズです。メールや文書などでも使えます。

例文 ぜひ、皆様お誘い合わせの上、ご来場いただきますようお願い申し上げます。

フォーマル度 ★★★

ご来場くださいますよう～

解説 セールや特別展など、催し物やイベントなどに参加を呼びかける場合には「ご来場」を使います。お店の場合には「ご来店」です。

例文 謝恩セールに多数ご来場くださいますよう、お願い申し上げます。

フォーマル度 ★★★

ご参加の諾否を～

解説 出欠の連絡がほしい際に使う言葉です。「諾否」は「承諾するかしないか」という意味です。

例文 ご多忙の折、恐れ入りますが、ご参加の諾否をご一報いただけると幸いです。

フォーマル度 ★★★

万障お繰り合わせの上、ご出席賜りますよう～

解説 「お繰り合わせ」は調整という意味で、「出席賜る」は書面で使う表現です。

例文 ささやかながら新社屋完成パーティーを催したく、万障お繰り合わせの上、ご出席賜りますようお願い申し上げます。

フォーマル度 ★★★

ご光臨を賜りますよう～

解説 「光臨」は相手の来訪を敬った表現で、案内状などで使います。

例文 ご多忙中、大変恐悦至極に存じますが、ぜひご光臨を賜りますようお願い申し上げます。

社内
37

会食の席での言葉づかい

アフター5で飲食に行く時、また歓送迎会や忘年会など、会食は仕事仲間との親睦を深める機会です。

フォーマル度 ★☆☆

▼まずはビールでよろしいですか。

解説 相手がお酒を飲むことを知っていれば、このフレーズで確認します。わからない場合には、「飲み物は何にされますか（召し上がりますか）」と聞きます。

例文 森田主任、飲み物の注文ですけれど、まずはビールでよろしいですか。

フォーマル度 ★★☆

▼不《ぶ》調法《ちょうほう》でして～

解説 体質的に苦手な人がお酒を断る定番フレーズで、「たしなみがない」という意味です。目上の人にも使えます。

例文 残念ながら酒はとんと不調法でして、できればウーロン茶をいただけますか。

フォーマル度 ★★☆

ご一緒しにくくなりますので〜

解説 相手がおごろうとするのを、スマートに断るフレーズです。お気持ちはうれしい、との思いが相手に伝わります。

例文 次回、ご一緒しにくくなりますので、お気持ちだけ頂戴します。

フォーマル度 ★★★

お時間の許す限り楽しんでください。

解説 開始の挨拶をする際の定番フレーズです。特に大勢が集まる宴席で使われます。満足いくまで、思う存分に楽しんでくださいという思いを込めます。

例文 年に一度の忘年会です。お時間の許す限り、皆さん楽しんでください。

フォーマル度 ★★★

乾杯の音頭をお願いできますでしょうか。

解説 複数の人がいる場合、司会役がその場で一番目上の人を指名して乾杯の音頭を依頼します。取引先の人がいる場合には、その中で一番目上の人です。

例文 それでは、菊永課長に乾杯の音頭をお願いできますでしょうか。

社外 37

会食の席での言葉づかい

ビジネスでは、取引先との会食や宴席が珍しくありません。ふさわしい言葉を使って相手を楽しませる姿勢で臨みましょう。

フォーマル度 ★★★

▼落ち着いた雰囲気のお店ですね。

解説 招待された場合は、料理の味ばかりではなく、お店の印象も褒めて相手への感謝を伝えましょう。招待した側はうれしく感じます。

例文 インテリアがとてもシックで、落ち着いた雰囲気のお店ですね。

フォーマル度 ★★★

▼本日はお招きに預かりまして～

解説 招待を受けて相手に会った際に使うフレーズです。招待に対する感謝とうれしさを伝えましょう。

例文 本日はお招きに預かりまして、ありがとうございます。

フォーマル度 ★★☆

お越しいただきまして、ありがとうございます。

解説 自分が招待した側の場合、相手に会った際に使う挨拶フレーズです。来てくれたことへの感謝をまず伝えましょう。

例文 ご多忙中にもかかわらずお越しいただきまして、ありがとうございます。

フォーマル度 ★★★

まずはご一献《いっこん》～

解説 招待した側が使う言葉で、「さあ、飲みましょう」という意味です。お客様のグラスにお酒を注ぎながら使うセリフとして定番です。

例文 弊社の創立記念パーティーへのご参加ありがとうございます。まずはご一献。

フォーマル度 ★★★

お車をご用意しております。

解説 宴席が終わって、お客様をお見送りするまでが接待です。タクシーを手配するなどして、目上の人から乗ってもらいましょう。

例文 お車をご用意しております。今まいりますので、こちらでお待ちください。

COLUMN

間違えやすい言葉は意識して直そう

「歌は世につれ」と言いますが、言葉もまた、時代とともに変わっていくものです。例えば平成26年度の「国語に関する世論調査」(文化庁)で、「枯れ木も山のにぎわい」の意味について質問したところ、

(ア)つまらないものでもないよりはまし…37・6%

(イ)人が集まればにぎやかになる…47・2%

という結果になりました。本来の意味である(ア)より、(イ)と答えた人の方が多かったわけです。

これより10年前の調査では、(ア)が38・6%、(イ)が35・5%だったことと比較すると、誤用の方をインプットしている人が増えていることが実感できます。

このように、本来は誤用とされている言葉も、大多数が誤用を使うようになれば、言葉の意味自体が変わっていくこともあり得ます。

とはいえ、一般的な辞書にその意味が掲載されるまでは、「誤用」「間違い」と判断されても仕方がありません。読み間違いや意味のとらえ違いは、知らぬ間に自分の中の言葉として定着してしまっています。意識的に直して、正しい言葉を使えるようになりましょう。

誤用あれこれ

間違った言葉づかいは、正しい言葉づかいができる人にとっては不快に聞こえることがあるので注意が必要です。

- ×**押しも押されぬ**→○**押しも押されもせぬ**
- ×**風の噂**→○**風の頼り**
- ×**精も根も疲れ果てる**→○**精も根も尽き果てる**
- ×**汚名挽回**→○**汚名返上、名誉挽回**
- ×**明るみになる**→○**明るみに出る**

×足元をすくわれる→○足をすくわれる
×従来から→○従来
×照準を当てる→○照準を合わせる
×心血を傾ける→○心血を注ぐ
×成功裡の内に→○成功裡に
×口を濁す→○言葉を濁す
×二の舞を踏む→○二の舞を演じる（二の足を踏む）
×配慮を払う→○配慮する
×微に入り細にわたって→○微に入り細をうがって
×不測の事態を予測して→○不測の事態に備えて
×見かけ倒れ→○見かけ倒し
×的を得た意見→○的を射る意見

読みを間違えがちなもの

間違った読み方が定着してしまい、一般化した「慣用読み」もあります。このような言葉は、本来の正しい読み方もあわせて知っておいた方がよいでしょう。

早急…×そうきゅう→○さっきゅう
凡例…×ぼんれい→○はんれい
五十歩百歩…×ごじゅっぽひゃっぽ→○ごじっぽひゃっぽ
捏造…○でつぞう→△ねつぞう（慣用読み）
端緒…○たんしょ→△たんちょ（慣用読み）
御用達…×ごようたつ→○ごようたし
出生率…×しゅっせいりつ→○しゅっしょうりつ
固執…○こしゅう→△こしつ（慣用読み）

意味を勘違いしやすいもの

意味する内容を勘違いしやすい表現は、以下の通りです。

・悲喜こもごも…一人の人間の心の中で悲しみと喜びが交互に混じり合う状態のこと。「喜ぶ人と悲しむ人が入り乱れる」は間違い
・「特徴」と「特長」…特徴は目立った点、特長は目立っ

た長所のこと
・憮然…腹を立てていることではなく、失望してぼんやりしている様子のこと
・穿った見方…ひねくれた見方でなく、うまく本質をついた見方のこと
・浮き足立つ…浮かれて落ちつかない様子ではなく、不安で落ち着かなくなること
・煮詰まる…行き詰まるのでなく、結論が出せる状況に近づいた状態のこと
・御の字…一応は納得できる状態ではなく、非常にありがたいこと
・なし崩し…なあなあの状態ではなく、物事を少しずつ解決していくこと
・噴飯もの…腹立たしいことでなく、思わず噴き出してしまうようなおかしなこと
・確信犯…結果を予想して自ら行動するではなく、正しいと信じて自ら行動する人のこと
・天地無用…上下逆さまでもOKではなく、上下逆さまはNGのこと
・気の置けない…油断や安心ができないのではなく、気を使う必要がないこと
・琴線に触れる…怒りを買うのではなく、感動する、感銘を受けること
・話のさわり…冒頭部分ではなく、要点のこと
・潮時…終わりではなく、ちょうどよい時期のこと

精も根も疲れ果てたよ
精も根も尽き果てるだよ

PART

11

ビジネスメールの言葉

こちらの人柄が伝わるメールの言葉

メールは文章によるコミュニケーションですから、文面を通じて、送る側の人柄や能力が相手に伝わります。コンパクトに用件を伝えながら、心遣いも込めましょう。

社内

38

前文と結びの挨拶

前文では、「宛名・挨拶・名乗り」の3点セットが基本です。用件を伝えた後、結びとして、改めて挨拶の言葉を述べます。社内でも礼儀を忘れないようにします。

フォーマル度 ★★★

▼お疲れ様です。

解説 挨拶文の定番フレーズです。目上の人、目下の人にも使うことができますので、社内の挨拶フレーズに迷ったら使いましょう。

例文 工藤部長　お疲れ様です。営業部の柿谷です。

フォーマル度 ★★★

▼どうぞよろしくお願いします。

解説 結び部分の基本的なフレーズです。

例文 経理の都合上、来週月曜日までに提出いただけますでしょうか。どうぞよろしくお願いします。

フォーマル度 ★☆☆

ありがとうございました。

解説　お礼メールは最後に改めて感謝の言葉を加えて締めます。

例文　お礼を伝えたくメールを差し上げました。本当にありがとうございました。

フォーマル度 ★☆☆

○○部各位

解説　複数の人に出す通知のメールでは、宛名を「○○部各位」や「○○課の皆様」などとします。全社員を対象にする場合は「各位」です。

例文　企画部各位　お疲れ様です。人事部の南野です。

フォーマル度 ★★☆

ご一読くださいますようお願いいたします。

解説　「ご一読」とは、ひと通り、ざっと読むことを意味します。

例文　ご指示のありました社内環境改善の提案書を添付いたしました。ご一読くださいますようよろしくお願いいたします。

前文と結びの挨拶

社外の人への挨拶文は、ビジネス文書のような決まり切った定型フレーズではなく、状況に合わせて変える必要があります。文末には改めて挨拶しましょう。

フォーマル度 ★★★

▼初めてご連絡を差し上げます。

解説　面識のない相手、初めてメールする相手に送る基本フレーズです。

例文　昌子様　初めてご連絡を差し上げます。Z社で企画開発を担当しております興梠と申します。貴社のホームページを拝見してお問い合わせいたしました。

フォーマル度 ★★★

▼先ほどお電話を差し上げたのですが～

解説　電話の相手が不在なため、メールに連絡を切り替えた際のフレーズです。

例文　権田様　東口です。先ほどお電話を差し上げたのですが、ご不在でいらしたのでメールにて失礼いたします。

フォーマル度 ★★★

たびたびのご連絡にて失礼いたします。

解説 メールを同じ日に何通か送ることになった際の挨拶フレーズです。

例文 塩谷様　たびたびのご連絡にて失礼いたします。T社の前田です。先ほど送ったメールの添付ファイルで修正がありましたので、再度メールいたします。

フォーマル度 ★★★

引き続きよろしくお願い申し上げます。

解説 プロジェクトが進行中の場合など、「まだまだお世話になりますが、よろしく」という意味で使います。

例文 内装のリニューアルにつきまして、引き続きよろしくお願い申し上げます。

フォーマル度 ★★★

お引き立てのほど〜

解説 引き続きのお付き合いをお願いする際のフレーズです。簡潔かつ丁寧に伝えられます。

例文 一層のお引き立てのほど、よろしくお願い申し上げます。

社内

39

よくある言い回し

ビジネスシーンで不可欠になったメール。メールを書く時間を短縮するためにも、頻繁に利用するフレーズをインプットしておきましょう。

フォーマル度 ★★★

▼共有しておきます。

解説　受けたメールの内容について、社内の関係者と情報を共有するには、このフレーズを書き加えて転送します。

例文　A社から提案書が送られてきましたので、念のため情報共有しておきます。

フォーマル度 ★★★

▼○○してもらえますか。

解説　受けたメールを部下に対処してもらうため、転送する際には「対応してほしい」というフレーズを加えます。

例文　A社からの見積もり依頼があったので、見積書を作成してもらえるかな。

フォーマル度 ★★★

ご報告いたします。

解説 経緯や事実を提示して報告します。今後の対応方法まで示しておきましょう。

例文 昨日のネットワークの不具合は、サーバーの電気系統が原因であったことが判明しましたので、ご報告いたします。今後の対応としましては…。

フォーマル度 ★★★

○○でご連絡します。

解説 メールの文面では詳細を伝える前に、なぜメールを送ったのか、用件について簡潔に要旨を伝えます。読み手の理解度を深めます。

例文 来週月曜日の打ち合わせ時間の変更の件でご連絡します。

フォーマル度 ★★★

以下の通り～

解説 要項や詳細については、このフレーズを書いた後、できるだけ箇条書きにするなどして、情報をパッと見て理解できるようにまとめます。

例文 来週18日（水）の営業会議の要項は以下の通りです。

社外
39

よくある言い回し

最近は、取引先に電話するより、まずメールで連絡というケースも増えてきました。信頼関係を築けるような言葉づかいを心がけましょう。

フォーマル度 ★★★

▼○○を添付にてお送りします。

解説 添付ファイルで書類を送る際には、本文にも添付ファイルをつけた旨を明示します。「○○を添付いたしました」などのフレーズもあります。

例文 デザインラフの納品は15日です。スケジュールを添付にてお送りします。

フォーマル度 ★★★

▼ご都合のよい日時はございますでしょうか。

解説 面会や打ち合わせの日時を決める際に使うフレーズです。

例文 9月の第1週で、ご都合のよい日時はございますでしょうか。いくつか候補をいただけると幸いです。

フォーマル度 ★★★（2/3）

▼お問い合わせさせていただきます。

解説 初めての相手にメールする際、相手に聞きたいことがある際など、メールの要旨を説明するフレーズです。

例文 御社のサービスについて、お問い合わせさせていただきます。

フォーマル度 ★★★

▼ご高覧《こうらん》くださいますよう～

解説 「高覧」とは、相手に見てもらうことを敬って伝える言葉です。

例文 新製品のプレスリリースをメールに添付しますので、ご高覧くださいますよう、よろしくお願い申し上げます。

フォーマル度 ★★★

▼重ねて御礼申し上げます。

解説 感謝の気持ちを伝える際、「重ねて」を入れるとより丁寧な表現になります。お礼メールの結びの言葉として使うこともできます。

例文 重ねて御礼申し上げます。誠にありがとうございます。

COLUMN

信頼関係を損ねるNGワードは避ける

言葉で癒やされたり、励まされたりする経験は誰しもあることでしょう。一方で、言葉に傷ついた経験を持つ人も多いはずです。幼稚な言葉づかいで、信頼を損ねてしまうこともあります。

言葉選びのちょっとしたミスで、人間関係がうまくいかなくなるのはもったいないことです。使ってはいけないNGワードを確認しておきましょう。

セクハラになりかねない言葉

職場でまず注意したいのは、セクシャルハラスメント（性的な言動による嫌がらせ）関連の言葉です。言った側は何の気になしに発しているため、気づかないケースも多いのが難しいところです。悪意があるかどうかは関係なく、言われた側の気持ちに配慮しなければいけません。

次のような関連の発言はセクハラになります。

× **女らしくない、男らしくない**

× **結婚はまだ？**

× **彼氏（彼女）はいるの？**

× **太ったんじゃない？**

また、その時の言い方や状況でセクハラになるグレーな言葉もあります。「綺麗だね」「カワイイね」「その服似合っているよ」などは、褒め言葉になるケースと、セクハラになるケースがあるということです。相手の心証を踏まえた言動が求められます。

部下や後輩へのNGワード

部下や後輩には、状況によって厳しいことを言う必要もあります。業務効率を上げるため、ミスを減らすため、何より今後のために苦言を呈することがありますが、相手を傷つけるために言うのではありません。

×ほかの人もそう言っているよ→○私はそう思うよ

苦言が職場の総意だと感じると、相手は「みんなに嫌われている」「みんなが自分を責めている」と余計な負担を負ってしまいます。「年長者としての立場からアドバイスしている」という姿勢で、改善を求めましょう。

×臆病ですね→○慎重な性格ですね

人の性格や長所・短所は見方によって両面があります。注意をしたり、改善を促したりする際にも、ポジティブな言葉で指摘しましょう。

「計画性がない」→「行動力がある」「おおざっぱ」→「大らか」「細かい」→「緻密」など、よい面を伝えて「もう少し大胆に行動してもいい」と指摘します。

「バイト語」は使わない

いわゆる「バイト語」と呼ばれる間違った敬語を使うと、品性どころかビジネスパーソン、また大人としての常識を疑われてしまいます。あちこちで使われているので、すでに耳慣れた感はありますが、自分が使うことは避けましょう。

×○円からお預かりします→○○円をお預かりします

×こちら、お釣りになります→○こちらがお釣りです

×よろしかったでしょうか→○よろしいでしょうか

若者の間では、可能を表現する際の「ら抜き言葉」

も広がっています。「可能」と「受け身」の状況を区別するために便利であるとの意見もありますが、まだ「ら抜き言葉」を不快に感じる人も多いので使わないようにしましょう。

×**食べれる→○食べられる**
×**見れる→○見られる**
×**出れる→○出られる**

若者のスラングを使わない

友人との軽い会話なら問題ありませんが、若者のスラング（俗語）やはり言葉をビジネスの場で使うのは、避けたいところです。社会人としての常識を疑われ、評価を下げてしまいます。

×**○○的には**
×**自分は○○な人じゃないですか？**
×**普通においしい**
×**〜とかでいいでしょうか**
×**ヤバい**
×**〜みたいな**
×**なにげに**
×**超**

PART

12

電話の言葉

声と話し言葉で好印象を与え、信頼を得る

電話は顔が見えない連絡ツールですから、声のトーンと言葉づかいで好印象を持ったり、信頼感を損ねたりします。元気よく、明るい声で、丁寧な言葉づかいを心がけましょう。

社内

40

電話をかける／受ける

社内の電話は、出先から携帯電話で社内にかける、または内線電話や別の支社にかけるなどのシーンがあります。

フォーマル度 ★★★

▼今、お電話は大丈夫ですか？

解説 社内から携帯電話に電話する際など、相手が出てくれても仕事の状況を気遣いましょう。

例文 今、お電話は大丈夫ですか？　お客様から連絡が入りまして…。

フォーマル度 ★★★

▼私宛ての連絡が入っていますでしょうか？

解説 出先から社内への定時連絡時などに確認します。急ぎの用事でなくても事前に連絡事項を把握しておけば、その後の自身の段取りを組みやすくなります。

例文 不在中に私宛ての連絡が入っていますでしょうか？

フォーマル度 ★☆☆

折り返すように伝えますか?

解説 指名者が離席、不在の際などには、「連絡を取りましょうか」「何か伝えますか」など、状況に応じて対応方法を提案します。

例文 室屋さんは席を外されています。折り返すように伝えますか?

フォーマル度 ★☆☆

今、手が離せなくて~

解説 お客様の対応や急ぎの業務などを行っている場合、「用件を後で聞いてもいいですか」と聞く際のフレーズです。

例文 すみません。今、手が離せなくて、30分後に折り返してもいいですか。

フォーマル度 ★★☆

お電話が遠いようですが~

解説 相手の声が聞き取りづらい時に使うフレーズです。取引先にも使えます。社員間であれば、「聞こえづらいのですが」でもいいでしょう。

例文 すみません、お電話（の声）が遠いようですが。

社外
40

電話をかける／受ける

電話から聞こえる声の印象で、会社の印象が決まってしまいます。明るく、はっきりとした声で対応しましょう。

フォーマル度 ★★★

▼いつもお世話になっております。

解説 相手が電話を取ったら、まず言いたい定番の挨拶フレーズです。その後、自社名と名前を名乗ります。

例文 いつもお世話になっております。M社営業企画部の久保と申します。

フォーマル度 ★★★

▼改めてお電話いたします。

解説 相手が不在・離席時の定番フレーズです。「折り返し連絡をさせます」と先方から言われても、一度はこのフレーズで断ると丁寧な印象です。

例文 こちらもすぐに外出してしまいますので、また改めてお電話いたします。

フォーマル度 ★★☆

用件をメールでご連絡しましたので〜

解説 用件の詳細をメールで送付した旨を伝えるフレーズです。

例文 用件をメールでご連絡しましたので、ご覧くださるようお伝え願えますでしょうか。

フォーマル度 ★★★

○○は2名おりまして〜

解説 複数いる際には「何名かおりまして」でよいでしょう。「男性の鈴木と女性の鈴木がおりますが」「下の名前はご存じでしょうか」などと続けます。

例文 恐れ入ります。中島は2名おりまして、担当部署はおわかりでしょうか。

フォーマル度 ★★★

あいにく今、ほかの電話に出ております。

解説 担当者が不在、または離席している際には、「外出しております」「席を外しております」「ほかの電話に出ております」などと言います。

例文 矢島はあいにく今、ほかの電話に出ておりまして…。

社外 41

伝言をする／受ける

外部からの伝言の依頼では相手の名前や用件、電話番号を聞き忘れないようにしましょう。その際、こちらの名前を告げることも忘れないようにします。

フォーマル度 ★★★

▼よろしければご用件を承りますが。

解説 担当者が不在の場合、できる限り対応して、もしも難しければ担当者から折り返し電話することを伝えましょう。

例文 あいにく担当者が不在にしております。よろしければご用件を承りますが。

フォーマル度 ★★★

▼ご伝言は私、○○が承りました。

解説 伝言内容を簡潔にまとめて復唱し、さらに「私、○○が承りました」と添えると、より相手が安心します。

例文 担当者にその旨を伝えます。ご伝言は私、坂口が承りました。

フォーマル度 ★★★

確かに担当者に申し伝えます。

解説
伝言の依頼があった場合に、「確かに」のフレーズを添えると、より相手が安心します。

例文
ご連絡いただきましたこと、確かに担当者に申し伝えます。

フォーマル度 ★★★

お急ぎでしたら～

解説
担当者でしかわからないような用件で、かつ緊急の場合には、担当者に急いで連絡を取り、対応するよう伝えます。

例文
お急ぎでしたら私からすぐに連絡して、お電話を差し上げるようにいたします。

フォーマル度 ★★★

伝言をお願いしてもよろしいでしょうか。

解説
こちらが先方に伝言をお願いするシーンです。相手に手間をかけさせますので、丁寧にお願いしましょう。

例文
それでは恐れ入りますが、伝言をお願いしてもよろしいでしょうか。

参考文献

『相手に伝わるビジネスメール「正しい」表現辞典』株式会社クレスコパートナーズ(ナツメ社)

『たった1フレーズの工夫が相手の心をつかむ！ビジネスメール言いかた辞典』大嶋利佳(秀和システム)

『史上最強のビジネスメール表現辞典』ビジネス文書マナー研究会(ナツメ社)

『これが正しい敬語です』金井良子(中経出版)

『「一行フレーズ」で気持ちが通じる 大人の言葉遣い400』むらかみかずこ(KADOKAWA)

『できる大人のモノの言い方・話し方』杉山美奈子(高橋書店)

『その日本語、大人はカチンときます！』ビジネス文章力研究所[編](青春出版社)

『敬語こんな時には、こう言う！』日本語倶楽部[編](河出書房新社)

『大人なら知っておきたいモノの言い方サクッとノート』櫻井弘[監](永岡書店)

『すぐに使えて、きちんと伝わる敬語サクッとノート』山岸弘子[監](永岡書店)

『相手のイエスを必ず引き出すモノの伝え方サクッとノート』櫻井弘(永岡書店)

『大人の日本語 つい教養が出てしまうとっておきの471語』話題の達人倶楽部[編](青春出版社)

『超図解勇気の心理学 アルフレッド・アドラーが1時間でわかる本』中野明(学研パブリッシング)

『リッツ・カールトンたった一言からはじまる「信頼」の物語』高野登(日本実業出版社)

『会うたびに「感じのいい人」と言わせる大人の言葉づかい』齋藤孝(大和書房)

『これ一冊で安心 マナーのすべてがわかる便利手帳』岩下宣子[監](ナツメ社)

『30代からの「つらい状況」とサヨナラする技術』酒井利浩(日本実業出版社)

『ビジネス敬語の基本とコツ』尾形圭子(学習研究社)

『ビジネス礼状の書き方』亀井ゆかり(かんき出版)

『世界のリーダーに聞いた人生と仕事を成功に導く72の感動の言葉』浜口直太(学習研究社)

『極意がわかるビジネス文書の書き方とマナー』山﨑政志[監](高橋書店)

ビジネス文章力研究所

信頼される敬語、ちょっと大人の言い回し、刺さるひと言、角が立たない伝え方…など、仕事ができる人の「話す」「書く」「聞く」技術を蓄積するために生まれた研究グループ。編集・ライティングのプロ集団、アスラン編集スタジオを中心に設立。メールやビジネス文書などの普及により文章力の重要性が増しているビジネスパーソンのため、「仕事に必要な文章スキル」を分かりやすく体系化。メルマガ配信や講演・セミナー等の活動も行っており、営業マンから現役のライター・編集者まで、幅広い層から「すぐに使える」と大好評。同所長の野村佳代は一般社団法人日本ビジネスメール協会認定講師としても活躍中。主な著書に『その日本語、大人はカチンときます！』(青春出版社)がある。

言葉づかいのトリセツ

2016年9月5日　初版第1刷発行

著　者　ビジネス文章力研究所
発行者　小山隆之
発行所　株式会社 実務教育出版
〒163-8671　東京都新宿区新宿1-1-12
電話　03-3355-1812（編集）　03-3355-1951（販売）
振替　00160-0-78270

印刷／精興社　　製本／東京美術紙工

ISBN978-4-7889-1192-5　C0030

《素晴らしきサイエンス》シリーズ

ぼくらは 「化学」のおかげで生きている

齋藤勝裕

身のまわりの不思議を「化学」すれば世界はもっとワクワクする！

定価 1400 円（税別） ISBN978-4-7889-1141-3

ぼくらは 「数学」のおかげで生きている

柳谷晃 著

成り立ちや使われ方から読み解く「数学」の面白さ

定価 1400 円（税別） ISBN978-4-7889-1144-4

ぼくらは 「生物学」のおかげで生きている

金子康子・日比野拓 著

生きるヒントは「生物学」に学べ！

定価 1400 円（税別） ISBN978-4-7889-1170-3

ぼくらは 「物理」のおかげで生きている

横川淳 著

物理のメガネをかけて、世界を見渡そう！

定価 1400 円（税別） ISBN978-4-7889-1178-9